LEKTÜRESCHLÜSSEL FÜR SCHÜLERINNEN UND SCHÜLER

Johann Wolfgang Goethe
Faust II

Von Walter Schafarschik

Philipp Reclam jun. Stuttgart

Dieser Lektüreschlüssel bezieht sich auf folgende Textausgabe: Johann Wolfgang Goethe: *Faust. Der Tragödie zweiter Teil.* Stuttgart: Reclam, 2001 [u. ö.]. (Universal-Bibliothek. 2.)

Dem Andenken meines Lehrers Emil Saloga (1885–1964)

RECLAMS UNIVERSAL-BIBLIOTHEK Nr. 15407

Gesamtherstellung: Reclam, Ditzingen
Printed in Germany 2008

ISBN 978-3-15-015407-6

www.reclam.de

Inhalt

1. Erstinformation zum Werk

Literarische Werke, die aus zwei Teilen bestehen, haben ein eigenes Schicksal. Häufig wird der zweite Teil des schon bekannten Werkes von den Lesern aus den unterschiedlichsten Gründen nicht so auf- und angenommen wie der erste.

Goethes *Faust II* ist es so ergangen, und zwar zu Anfang besonders schlecht. Warum das so war, warum *Faust I* mehr Interesse und Verständnis fand, dafür hat Goethe wie vorausschauend in einem Brief an Philipp Albert Stapfer vom 3. April 1827 eine mögliche Begründung gegeben: »Dieser zweite Teil nun ist in Anlage und Ausführung von dem ersten durchaus verschieden, indem er in höheren Regionen spielt und dadurch von jenem sich völlig absondert.«[1] Und seinem Sekretär Johann Peter Eckermann gegenüber präzisiert er vier Jahre später diese Aussage: »Der erste Teil ist fast ganz subjektiv; es ist alles aus einem befangeneren, leidenschaftlicheren Individuum hervorgegangen […]. Im zweiten Teil aber ist fast gar nichts Subjektives; es erscheint hier eine höhere, breitere, hellere, leidenschaftlosere Welt […].«[2]

> Faust II *spielt in »höheren Regionen«*

> *»Im zweiten Teil aber ist fast gar nichts Subjektives«*

Als *Faust. Der Tragödie Zweiter Teil* nach Goethes Tod erschien, war er für lange Zeit nach Inhalt und Form für Leser und Zuschauer fremdartig und wenig verständlich. So entsprach zum Beispiel ein derart gestaltetes Weiterleben Fausts nicht den Vorstellungen der Zeit. Geradezu empörend erschien vielen die Regieanweisung zu Beginn von *Faust II*: »Faust, auf blumigen Rasen gebettet, ermüdet, unruhig, schlafsuchend. Dämmerung. Geisterkreis, schwebend bewegt, anmutige kleine Gestalten.«

Da gaben Mephistos »Her zu mir!« und Gretchens flehentliches »Heinrich! Heinrich!« am Ende des ersten Teiles für die, die das alte christliche Sünde-Verdammnis-Schema gründlich verinnerlicht hatten, denn doch eine einigermaßen hinreichende Schluss-Befriedigung: der Bösewicht gehört dem Bösen. Darüber hinaus, so fanden sie, gibt es nichts mehr zu sagen.

Dass dies kein eigentlicher Schluss ist, denkt man nur an den »Prolog im Himmel« und die »Paktszene«, geriet bei solch engem Verständnishorizont in den Hintergrund.

Wenn nun aber nach dem Willen des Dichters dieser mehrfache »Verbrecher« in einem zweiten Teil dennoch weiterleben soll, so müsste er doch zumindest ein erschütterndes Schuldbekenntnis ablegen – so meinten diese Kritiker. Welche Ratschläge Goethe dafür hätte befolgen müssen, hat der Kunsttheoretiker Friedrich Theodor Vischer, einer der ersten verständnislosen Kritiker von *Faust II*, 1861 folgendermaßen skizziert: »Wir sollen aus seinem eigenen Munde hören, welche Qualen, welche glühenden Messer in der Brust des Schuldbewussten wühlen. Die Bühne zeige uns zuerst das bekannte Studierzimmer; Faust stürze herein, er komme von Gretchens frischem Grabe, ein furchtbarer Monolog, worin er wie im wilden Fiebertraum Gretchens Hinrichtung malt. Als sähe er sie mit eigenen Augen an, jede Gebärde, Verzweiflung, Händeringen und Wälzen am Boden sage uns, wie es im Innern eines Menschen aussieht, der solche Folgen seiner Schuld so eben erlebt hat.«[3]

Der so ganz andere Beginn von *Faust II* zeigte für die damaligen Leser zu viel Verständnis für den »Bösewicht«, ja war geradezu eine Verhöhnung vieler bis dahin gültiger

Normen. Solche Empfindungen führten schließlich dazu, dass die vermeintliche Sympathie des Autors für seine Gestalt in eine Antipathie gegenüber dem Autor umzuschlagen drohte.

Die größte Zumutung für die religiösen Eiferer und ethischen Rigoristen war aber dann doch die Tatsache, dass Goethe am Schluss von *Faust II* dem »Bösewicht« – und er hat zusammen mit dem Bösen weiter Böses getan – auch noch eine Rettung zuteil werden lässt und sich zur Ausgestaltung dieser Rettung traditioneller christlicher Bildvorstellungen bedient.

Faust II *als »geistiges Ärgernis des Jahrhunderts«*

Faust II war da kaum weniger als ein Skandalon, ein »geistiges Ärgernis des Jahrhunderts«[4], des 19. Jahrhunderts. Vielleicht ist er es aber auch heute noch, nur etwas weniger fundamentalistisch.

Zu diesen ideologischen Barrieren für das Verständnis kamen noch andere. Sie waren nicht minder hoch und wurden durch den Bildungshorizont errichtet, den das reine Textverständnis der fünf Akte verlangt. Und dann fehlte auch noch eine einigermaßen nachvollziehbare Handlung, die sich, wie traditionell gewohnt, »folgerichtig« entwickelt.

Da war man denn schnell mit abwertenden Urteilen großen Kalibers bei der Hand: gestelzter Unsinn, Phantastik und Weitschweifigkeit – Ergebnis künstlerischer Impotenz eines alten, einst großen Dichters.

Ausführliche Kommentare und differenzierte Interpretationen aus den letzten hundert Jahren haben vieles von den Fehlurteilen und Vorbehalten beseitigt. Dennoch: Die fünf Akte des Werkes bleiben auch heute, auch für den gutwilligsten Leser, immer noch ein gewaltiges Stück Arbeit. An deren Ende winkt freilich als Lohn eine vorher kaum vorstellbare Horizonterweiterung im Hinblick auf das, was Menschsein bedeuten kann.

Eine Einführung in *Faust II* muss davon ausgehen, dass *Faust I* bekannt ist, denn es wird wohl kaum jemand auf den sonderbaren Gedanken kommen, seine *Faust*-Lektüre mit Teil II zu beginnen.

Goethe selbst hätte wahrscheinlich den Versuch, dieses Werk in handlicher Weise zu »entschlüsseln«, mindestens ironisch abgewehrt. Möglicherweise hätte er sich sogar so drastisch-missmutig geäußert, wie er es gegenüber dem Schauspieler Karl von Holtei getan hat. Als der um die Erklärung einer Stelle aus dem III. Akt bat, weil er diesen am nächsten Tag vorlesen sollte, ließ er ihn mit den Worten stehen: »Ja, ja, Ihr guten Kinder, wenn Ihr nur nicht so dumm wäret!«[5]

Faust II *als Herausforderung an den Leser, »sich über sich selber hinauszumuten«*

Wie er sich den Umgang eines künftigen Lesers mit *Faust II* vorgestellt hat, wird in einem Brief an den Freund Carl Friedrich Zelter vom 26. Juli 1828 deutlich: »Wenn dies Ding […] den Leser nicht auch nötigt, sich über sich selber hinauszumuten, so ist es nichts wert. Bis jetzt, denk ich, hat ein guter Kopf und Sinn schon zu tun, wenn er sich will zum Herrn machen von allem dem was da hineingeheimnisset ist.« Und zu Eckermann sagte er wenigen Wochen vor seinem Tode: »[…] wer sich nicht etwas umgetan und einiges erlebt hat, wird nichts damit anzufangen wissen.«[6]

Solcher Mahnungen durchaus eingedenk, sei mit diesem *Lektüreschlüssel* dennoch ein Verständnis-Versuch gewagt.

2. Inhaltsübersicht

Erster Akt

In der Szene **Anmutige Gegend** liegt Faust inmitten von Blumen unruhig schlafend auf der Erde. Der Luftgeist Ariel ruft die Tätigkeit der helfenden Elfen auf, die den Menschen, gleichgültig ob er gut oder böse ist, im Schlafe von den »Schäden« des Tages heilen und für kommende Tätigkeit kräftigen. Faust erwacht und erlebt den Aufgang der Sonne als »feierlichste Stunde« (4696), die ihn in der ringsum erwachenden Natur ins Leben zurückführt, als Wiedergeburt, die ihm Mut zu einem Neuanfang verleiht.

Faust, der Neugeborene

Inzwischen ist Mephisto in die **Kaiserliche Pfalz** vorgedrungen und hat sich in dem **Saal des Thrones** umgesehen. In einer Versammlung des Staatsrats dient er sich dem Kaiser als Narr an. In der völlig aussichtslosen Situation, in der sich das Reich des Kaisers finanziell, sozial und moralisch befindet, gibt er vor, finanzielle Abhilfe schaffen zu können. Und als Geist der Täuschung erfindet er das Papiergeld: Ein Wertpapier mit der kaiserlichen Unterschrift sichert den Besitzern als Gegenwert im Erdboden verborgene, vielleicht vorhandene und vielleicht einmal zu findende Schätze zu (vgl. 6057 ff.).

Mephisto, der Geist der Täuschung

Der junge, lebensunerfahrene und vergnügungssüchtige Kaiser täuscht sich nur allzu gerne über die schlimme Lage seines Reiches und ist, ohne die Unterschrift zu leisten, mit den Vorschlägen Mephistos zufrieden. Wichtig für ihn ist allein, endlich Karneval feiern zu können.

Dazu ist ein **Weitläufiger Saal mit Nebengemächern** herausgeputzt worden, in dem nun die Mummenschanz, das Maskenfest, stattfindet. Jeweils angekündigt und kommentiert vom Herold, zieht ein großer Zug der unterschiedlichsten Masken vorüber, der sich in einzelne Gruppen gliedert. Hier wird die Welt, das heißt der Mensch in den Karikaturen seiner Schwächen, in seinen Bedrohungen, aber auch in seinen Fähigkeiten und Möglichkeiten gezeigt. Höhepunkt in diesem ersten Teil der Mummenschanz ist der Auftritt von Viktoria, der Göttin aller Tätigkeit. Sie reitet auf einem mächtigen Elefanten, der von der Klugheit geleitet wird. An der Seite des Tieres sind Furcht und Hoffnung angekettet, »zwei der größten Menschenfeinde« (5441). Beide sind lähmende Mächte, wobei mit Hoffnung die Illusion gemeint ist.

Faust als Regisseur der Mummenschanz

Dann erscheint Faust auf einem von Flügeldrachen gezogenen Prunkwagen in der Maske des Plutus, Gott des Reichtums. Hinter ihm Mephisto hockend als der Geiz. Dieser Wagen wird vom »Knaben Lenker« geführt. Er besitzt im Gegensatz zur Goldfülle in der Schatzkiste des Plutus das Gedankengold der dichterischen Phantasie und bezeichnet sich als die Verschwendung, die Poesie. In diese Gruppe drängt sich schließlich eine derbe Schar von Faunen, Satyrn, Gnomen und Nymphen. Mit ihnen erscheint der Kaiser in der Maske des griechischen Naturgottes Pan (in der Überlieferung: gehörnt, bärtig, krummnasig, rauhbehaart, geschwänzt, ziegenfüßig).

Als der Kaiser sich neugierig-gierig über Plutus' flammende Goldtruhe beugt, entzündet sich sein künstlicher Bart. Durch einen Zauberregen, den Plutus-Faust auslöst, wird der Kaiser gerettet.

Am nächsten Tag, im **Lustgarten**, gibt der Kaiser zu verstehen, dass er »dergleichen Scherze« (5988) durchaus genießt, vor allem da von überall gemeldet wird, wie durch Mephistos trügerische ›Geldschöpfung‹ das Reich gerettet scheint und Wohlstand winkt. Und so verlangt er nach mehr Unterhaltung. Faust soll Helena und Paris vor ihm erscheinen lassen (vgl. 6183–85), die Urbilder menschlicher Schönheit.

Faust zieht sich mit Mephisto in eine **Finstere Galerie** zurück. Die Erfüllung des kaiserlichen Wunsches ist für beide eine gewaltige Aufgabe. Höchst ungern beschreibt Mephisto einen Lösungsweg. Faust muss ins Reich der Mütter, wo er, »umschwebt von Bildern aller Kreatur« (6289), mit Hilfe eines goldenen Schlüssels, den er von Mephisto erhält, einen Dreifuß finden soll. Es gelingt Faust, in dieses geheimnisvolle Reich des Schöpferischen, des Werdens und Vergehens, der Urbilder einzudringen.

Fausts Einweihung in die Schöpfungsgeheimnisse der »Mütter«

Währenddessen schlendert die Hofgesellschaft durch **Hell erleuchtete Säle**, und Mephisto muss ihr bis zu Fausts Rückkehr mit allerlei Hokuspokus und Quacksalberei die Zeit vertreiben. Dann versammeln sich alle im **Rittersaal**, um die versprochene Vorführung »Helena und Paris« zu genießen. Faust bringt im Gewand eines antiken Priesters den Dreifuß mit. Als er diesen mit dem Schlüssel berührt, erscheinen die beiden antiken Gestalten, begleitet von Bewunderung und Häme der Hofgesellschaft. Doch als Paris sich anschickt, Helena zu entführen, berührt der von ihr hingerissene Faust ihn mit dem Schlüssel. Die darauf folgende Explosion wirft Faust bewusstlos zu Boden,

Faust verliert sein Bewusstsein

und die beiden beschworenen Gestalten verschwinden. Mit höhnischen Worten schleppt Mephisto den Bewusstlosen fort.

Zweiter Akt

Mephisto bringt den bewusstlosen Faust in dessen **Hochgewölbtes enges gotisches Zimmer**, Schauplatz zu Beginn von *Faust I*. Doch im Traum kreisen Fausts Wünsche weiter um Helena. Währenddessen sieht Mephisto sich um und trifft auf bekannte Gestalten. Da ist zunächst der Famulus Nikodemus, der für Professor Wagner arbeitet. Dann der Schüler, den er in *Faust I* mit seiner ›Studienberatung‹ an der Nase herumgeführt hat und der sich jetzt als Baccalaureus ihm gegenüber sehr kritisch-arrogant aufführt. Es folgt ein Besuch im benachbarten **Laboratorium** von Fausts einstigem Famulus Wagner, der inzwischen ein angesehener Professor geworden ist. Er ist damit beschäftigt, ein künstliches Menschlein, einen Homunculus, zu schaffen und meint kurz vor dem Erfolg zu stehen. Doch ist es Mephisto, der schließlich unbemerkt den Erfolg dieses ›Schöpfer-Spielens‹ herbeiführt. Als der Homunculus in seinem Glaskolben zu leben beginnt, begrüßt er Mephisto als seinen »Vetter« (6885) und erweist sich sogleich als äußerst intelligent, ja sogar hellsichtig. Er vermag in Fausts Traum zu schauen. Dort sieht er Leda mit dem Schwan, in dessen Gestalt Zeus sich verbirgt: es ist die Zeugung Helenas. Doch er erkennt auch, dass Faust aus diesem Zustand befreit werden muss, und schlägt vor, mit ihm auf Mephistos Zaubermantel nach Griechenland zu

Homunculus entsteht

fliegen, »zu seinem Elemente« (6943). Er weiß, dass dort Klassische Walpurgisnacht ist, eine Zusammenkunft historischer und antiker mythologischer Wesen.

Flug zur Klassischen Walpurgisnacht

Der Landeplatz der drei »Luftfahrer« in der folgenden Szene sind die **Pharsalischen Felder**. Hier schlägt jeder der drei seinen eigenen Weg ein. Faust sucht Helena, gemäß dem ersten Satz, den er nach der Ankunft spricht: »Wo ist sie?« Er fühlt in dieser Umgebung, die ihm vertraut erscheint, wie ihm neue Kräfte zuwachsen.

Mephisto geht etwas hilflos durch die Welt der urtümlich-tierhaften Sagengestalten des antiken Griechenland, einer vergangenen Welt, in der Mensch und Tier noch nicht getrennt waren. Sie ist ihm zutiefst fremd.

Homunculus hingegen sucht nach Möglichkeiten, in eben dieser Welt sich als Mensch zu verkörpern (vgl. 7830 ff.). Dabei zeigt er sich sehr kontaktfreudig.

Alle drei treffen nach mancherlei zunächst ›unfruchtbaren‹ Begegnungen auf Gestalten, die ihnen dienlich sind für ihr Ziel – das Streben nach Verwandlung.

Für Faust ist es am **Peneios** der weise Halbmensch Chiron. Er bringt ihn zu der Seherin Manto, die ihn in die Totenwelt zu Helena führt – wie einst Orpheus zu Eurydike. Damit verlässt Faust die Handlung des II. Aktes.

Faust als »neuer Orpheus«

Am **Obern Peneios** wird Mephisto von den lüsternen Lamien gefoppt und trifft kurz wieder mit Homunculus zusammen. Der schließt sich, erfüllt von seinem Wunsch nach Verkörperung, ebenfalls einem kundigen Führer an. Es ist jedoch im Gegensatz zu Chiron eine historische Gestalt, der antike Philosoph Thales.

Der herumirrende Mephisto gerät schließlich an die Phor-

Mephisto wird Urbild des Hässlichen

kyaden, die Urbilder der Hässlichkeit, in denen er endlich Verwandte aus dem Chaos findet. Indem er ihre Gestalt annimmt, wird er zum Gegenbild von Helenas Schönheit – und verlässt ebenfalls die Handlung.

Homunculus verströmt sich, überwältigt von Schönheit und Liebe

Felsbuchten des Ägäischen Meeres ist die Szene, die ganz Homunculus gehört. Thales hat ihn hierhergeführt und macht ihn mit den Meeresgöttern Nereus und Proteus bekannt. Proteus verhilft ihm schließlich zur Begegnung mit Nereus' schöner Tochter Galatee und ihrem Gefolge, darunter besonders die Kabiren, die geheimnisvollen Schöpfungsgötter aus Samothrake. Seine aufflammende Liebe zu Galatee, die hier für die Liebes- und Schönheitsgöttin Aphrodite steht, führt dazu, dass er seine gläsernen Grenzen sprengt und sich im Meer verströmt.

Dritter Akt

Die drei Szenen dieses Aktes bilden das Zentrum von *Faust II* Sie konzentrieren sich ganz auf eine erneute Begegnung von Helena und Faust.

Helena, aus Troja zurückkehrend

Die historische Helena steht mit einer Schar gefangener Trojanerinnen **Vor dem Palaste des Menelas zu Sparta**. Sie ist nach dem Sieg der Griechen über Troja mit ihrem Gemahl Menelaos wieder heimgekehrt und wird von Mephisto in der hässlichen Gestalt der Phorkyas empfangen, die sich als Hausverwalterin ausgibt. Diese geht mit Helena wegen ihrer Vergangenheit ins Gericht und ängstigt sie und ihre Begleiterinnen mit der Ankündigung, Menelaos werde sie nach seiner Ankunft als Opfer töten. Phorkyas verheißt Helena Rettung: die Flucht auf die nahe gelegene Burg eines Fremdlings, der sich ihrer gewiss annehmen werde.

Ein **Innerer Burghof** zeigt mittelalterliche Gebäude. Faust als Herrscher in »ritterlicher Hofkleidung« (nach 9181) übergibt der Ankommenden, überwältigt von ihrer Schönheit, seine Burg als ihr Eigentum und teilt mit ihr als Mitherrscherin seinen Thron.

Faust und Helena als mittelalterliches Herrscherpaar

In die sich nun anbahnende Verwandlung der griechischen Königin in eine mittelalterliche Fürstin an Fausts Seite wird plötzlich ein Angriff von Menelaos mit seinem Heer angekündigt. Fausts Truppen schlagen jedoch den Angriff überlegen zurück.

Einen **Schattigen Hain** mit Felsenhöhlen und Lauben haben sich Faust und Helena als Ort ihrer Liebe ausgesucht. Aus dieser Vereinigung geht der frühreife Knabe Euphorion hervor. Er gleicht einem Genius ohne Flügel, der mit der Leier wunderbare Lieder singt und sogar von Phorkyas-Mephisto als künftiger »Meister alles Schönen« (9626) gepriesen wird.

Faust und Helena zeugen Euphorion

Dieser Knabe kann jedoch nicht Maß halten. Er fühlt sich Flügel wachsen und sieht plötzlich seine Aufgabe nicht mehr in Gesang und Tanz, sondern in der Tat, im kriegerischen Kampf. Er wirft sich vom höchsten Felsen in die freie Luft und stürzt dann tot zu Füßen der entsetzten Eltern. Sein Körper verschwindet, und seinem klagenden Ruf folgt die Mutter – zurück ins Totenreich.

Der Hades nimmt Euphorion und Helena auf

Die Vereinigung Fausts mit Helena scheint nur ein vorübergehender Zustand gewesen zu sein. Kleid und Schleier der von Faust so sehnsüchtig gesuchten Frau verwandeln sich in eine Wolke, von der er sich forttragen lässt.

Die Begleiterinnen Helenas verschwinden als Elementargeister in die Bäume, die Felsen, die Gewässer, die Weinberge, in die Natur, aus der sie stammen. Mephisto legt am Schluss die Phorkyas-Maske ab und gibt sich als ›Regisseur‹ des beendeten Helena-Dramas zu erkennen.

Vierter Akt

Fausts Vision von Gretchen

Im schroffen **Hochgebirg**, absoluter Kontrast zum Schattigen Hain, landet Faust auf der Wolke, die aus Helenas Schleier und Gewand gebildet ist. In einer Art Prolog ist er mit seinen Gedanken bei dem Erlebten, und zugleich erinnert er sich plötzlich an das, was Gretchen für ihn war und ist.

Faust der Tatendurstige

Dann schaut er auf die Schönheiten der Erde hin, und Mephisto erscheint, mit der größten aller Versuchungen: Macht und Ruhm zu erwerben. Faust hält dagegen: »Die Tat ist alles, nichts der Ruhm« (10188).

Diesen Tatendrang fasst er Mephisto gegenüber in einem großen Plan: das Meer zurückdrängen, ihm neues fruchtbares Ackerland abtrotzen. Es ist für ihn eine Auseinandersetzung mit der Gewalt der Elemente. Mephisto ist damit einverstanden, zumal die Gelegenheit günstig ist, einen dafür geeigneten Küstenstreifen zu erlangen. Der Kaiser ist wieder in Not, ihm wird man ›helfen‹ und dafür belohnt werden.

Auf dem Vorgebirg ist des Kaisers Zelt aufgeschlagen. Er hat das Reich trotz oder wegen des Papiergeldes weiter heruntergewirtschaftet und steht vor dem Krieg mit einem Gegenkaiser. Das gibt Faust die Gelegenheit, als Obergeneral mit einem gigantischen Zauberaufwand Mephistos an ›Kriegsmaterial‹ für den Kaiser zu siegen.

Faust als Feldherr und Vasall des Kaisers

Des Gegenkaisers Zelt ist der Ort, wo nach dem Sieg und dem Beutemachen Faust als Dank für seine Hilfe, gegen die heftigen Einwände der Kirche, so viel Land zugesprochen bekommt, wie er dem Meer abzugewinnen vermag.

Fünfter Akt

Eine **Offene Gegend**. Zu Philemon und Baucis, dem in einer Landschaft am Meer in friedlicher Zurückgezogenheit lebenden alten Ehepaar, kommt ein Wanderer, der vor Jahren von ihnen aus Seenot gerettet worden war. Er staunt über viele Veränderungen: Wo einst das Meer war, sind jetzt Felder und Wiesen, Gärten und Wälder und viele Siedlungen. Es scheint ein Wunder geschehen zu sein. Von den beiden Alten hört er, dass ein kluger Mann all das mit großem Aufwand bewirkt hat. Doch die sensible Baucis äußert, ähnlich wie Gretchen in *Faust I* (vgl. 3469 ff.), auch gleich einen Verdacht:

Philemon und Baucis als Repräsentanten einer noch »heilen Welt«

BAUCIS. Wohl! ein Wunder ist's gewesen! 11111
Lässt mich heut noch nicht in Ruh;
Denn es ging das ganze Wesen
Nicht mit rechten Dingen zu.

Faust als Unternehmer und brutaler Ausbeuter

Der inzwischen hundertjährige Faust, Ingenieur, weit planender Unternehmer und wohlhabender, global operierender Großkaufmann mit ausgedehntem Grundbesitz, hat all dies durch Ausbeutung und Gewaltanwendung geschaffen. Trotz seines Wohlstandes sieht er in seinem prächtigen **Palast** das zufrieden-beschauliche Leben der Alten in ihrer Hütte mit einem gewissen Neid. Ihr Anwesen auf dem Hügel, mit den schönen Linden, das sie um nichts in der Welt gegen ein anderes eintauschen wollen, möchte er gerne selbst als Ruheplatz haben, mit Aussicht über sein Werk. Mephisto löst dieses Problem mit seinen »drei Gesellen« auf vorhersehbare Weise: Philemon und Baucis finden bei der ›Umsiedlungsaktion‹ zusammen mit dem Wanderer einen gewaltsamen Tod. Hütte und Linden gehen in Flammen auf. **Tiefe Nacht** herrscht, und Faust scheint erschüttert über das, was in seinem Auftrag geschehen ist. Den Fluch über Mephisto noch auf den Lippen, sieht er um **Mitternacht** vier graue Schattengestalten, wie aus dem Rauch der verbrannten Hütte aufsteigend: Mangel, Schuld, Sorge und Not. Die Sorge schickt ihre drei Schwestern fort, sie sind im Hause eines Reichen fehl am Platz. Sie selbst dringt in den Palast ein. In einem Streitgespräch scheint Faust eine selbstkritische Lebensbilanz zu ziehen. Zwar weigert er sich standhaft, die Macht der Sorge anzuerkennen, doch er bekommt sie unmittelbar zu spüren. Sie haucht ihn an – er erblindet.

Die Szene **Großer Vorhof des Palasts** zeigt den blinden und an der Schwelle des Todes stehenden Faust noch einmal als den großen Planer. Er möchte einen Sumpf trockenlegen, freilich wieder unter Einsatz unzähliger gezwungener Arbeiter. Dort will er dann glückliche Menschen wohnen sehen, ein freies Volk auf freiem Grund. Im Vorgefühl des Glücks, solches geschaffen zu haben, stirbt er, den höchsten Augenblick seines Lebens in Gedanken vorwegnehmend.

Fausts Tod und Mephistos Niederlage

Nun meint Mephisto, der Augenblick seines lang ersehnten Triumphes sei gekommen, immerhin anerkennend, dass Faust ihm doch »kräftig widerstand« (11591).

Bei der **Grablegung** gelingt es Mephisto trotz Aufbietung aller seiner Hilfskräfte, der Lemuren und der Dürr- und Dickteufel, jedoch nicht, Fausts Unsterbliches an sich zu bringen. Es bleibt ihm, dem Geist des Materiellen, nur der Körper. Ein Chor von Rosen streuenden Engeln, denen er nicht zu widerstehen vermag, entführt ihm den »großen, einzigen Schatz« (11829).

Jetzt ist es an ihm, sich zu beklagen und nach seinem Recht zu verlangen. Doch niemand steht ihm bei, und ihm bleibt nur, sich selbst als »ausgepichten Teufel« (11839) zu schelten und – abzutreten.

Der Schluss dieses Aktes führt wie der Prolog von *Faust I* in himmlische Höhen. Aus **Bergschluchten**, in denen fromme Einsiedler in mystischer Versenkung leben, steigt Fausts Unsterbliches, seine Entelechie, auf. Sie wird von Engeln getragen und begleitet. Für sie ist Faust »das edle Glied der Geisterwelt« (11935 f.), das sie vom Bösen gerettet haben.

Fausts Unsterbliches ist gerettet. Gretchen führt es in höhere Sphären

Sein Aufstieg geschieht stufenweise. Aus den Händen der jüngeren und der vollendeteren Engel gelangt Faust in den Kreis der seligen Knaben, die das als Flocken noch anhaftende Irdische von ihm lösen. Im Vergleich zu ihnen besitzt er die Erfahrung eines irdischen Lebens, deshalb wächst er rasch über sie hinaus und kann ihnen selbst Lehrer sein. Entscheidend für seinen Aufstieg ist jedoch die liebende Fürbitte Gretchens, die als eine Büßerin erscheint. Sie wendet sich an die Mater Gloriosa, die göttliche Himmelskönigin, um für den Geliebten zu bitten, und darf den bereits Geläuterten, der aber noch vom neuen Tag geblendet ist, in höhere Sphären führen und belehren: »Wenn er dich ahnet, folgt er nach« (12095).

3. Personen – Personenkonstellationen

Trotz der kaum überschaubaren Fülle von Personen in *Faust II* sind im Grunde genommen nur einige davon wirklich bestimmend für die Handlung, alle anderen sind ihretwegen da. Ja sie existieren, wie Mephisto, Homunculus und Helena, nur durch und in Faust.

Ein »neuer« Faust. Entfaltung seiner Entelechie

Faust. Faust behält zwar seinen Namen, er ist aber im Schein der aufgehenden Sonne zu Beginn des I. Aktes ein ganz anderer, ein Neugeborener. Seine Begegnungen und Erlebnisse sind mit denen aus *Faust I* nicht ohne weiteres vergleichbar.

Was sich in den fünf Akten ereignet, erscheint als eine Folge von Stufen seiner sich entfaltenden Individualität, seiner Entelechie, mit allen in ihr angelegten Fähigkeiten und den damit verbundenen Möglichkeiten der Abirrung. Er ist damit, noch stärker als in *Faust I*, auch Repräsentant des modernen Menschen.

Nach seinen vorhergegangenen Aufschwüngen in geistige (Gang zu den Müttern) und innerseelische Bereiche (»Klassische Walpurgisnacht«, Verbindung mit Helena) wird er in den letzten beiden Akten mit Hilfe Mephistos und dessen Helfershelfern zum Repräsentanten des modernen Technokraten und seiner Verstrickungen in Macht und Besitz. Aus dem Erkenntnis- und Schönheitssucher wird der Kriegsherr, der Ingenieur, der Unternehmer und Kolonisator, der ohne moralische Skrupel seine hochgesteckten Ziele verfolgt und dabei auch vor Gewaltanwendung und Ausbeutung von Menschen und irdischen Res-

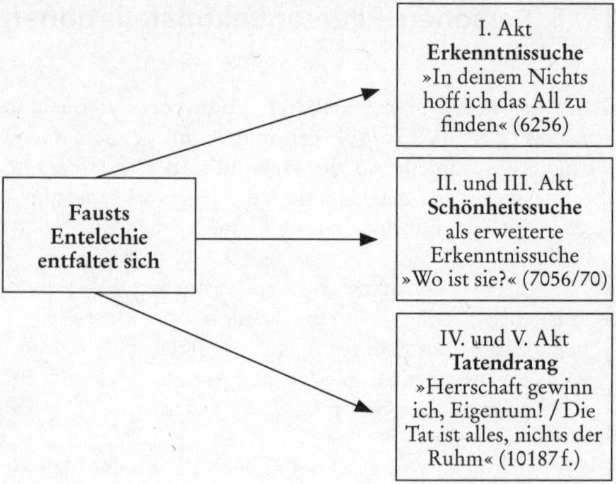

sourcen nicht zurückschreckt. Das alles tut er, indem er in sich den Gedanken pflegt, er handle für das Wohl zukünftiger Generationen.

Vasall des Kaisers und Mephistos

Faust ist auf der einen Seite Vasall des Kaisers, der ihm gestattet dem Meer Land abzugewinnen, paradoxerweise ist er aber zugleich Vasall seines Dieners Mephisto, mit dessen Hilfe und Helfern er allein diese Pläne verwirklichen kann. Hier tut Goethe einen hellsichtigen Blick in die Zukunft. Er sieht das Handeln des modernen Technokraten, des globalen Unternehmers, der von Mensch und Erde entfremdet ist und in seinem Tun ein Höchstmaß an Egoismus entwickelt – den er sich aber nicht eingestehen mag. So erscheint die Befriedigung des Egoismus als Nährboden jeden Zivilisationsfortschritts.

Der schuldbeladene Technokrat

Mephisto freilich sieht all das Erreichte und Erworbene als dem Untergang geweiht an. Im Gespräch mit der Sorge blitzt in Faust dann so etwas wie kritische Selbsterkenntnis auf. Er zieht eine Lebensbilanz, in der er auch von seinem Vasallenstatus gegenüber Mephisto spricht.
Fausts Taten im IV. und V. Akt zeigen erneut einen Menschen, dessen Schuldkonto groß ist.

Da klingen die bitteren Worte des Meergottes Nereus über die Menschen nach:

Gebilde, strebsam, Götter zu erreichen, 8096
Und doch verdammt, sich immer selbst zu gleichen.

In allem Streben bleibt das Schuldig-Werden *die* immer gleiche Grundbedingung des Menschseins.

Von Einsicht in die Schuldhaftigkeit kann bei Faust freilich kaum die Rede sein. Bis zum letzten Atemzug hält er an seinen Allmachtsplänen fest und feiert sich in ihnen selbst – auf Kosten derjenigen, die diese Pläne realisieren müssen. Daran ändert letztlich auch die Klage gegenüber der Sorge nichts:

Könnt ich Magie von meinem Pfad entfernen, 11404
Die Zaubersprüche ganz und gar verlernen,
Stünd ich, Natur! vor dir ein Mann allein,
Da wär's der Mühe wert, ein Mensch zu sein.

Der schuldig Strebende

Dennoch sind das Streben – der zentrale Begriff der Faust-Dichtung – und die darin enthaltenen hohen Möglichkeiten Aufgabe des Menschen. Das ist Goethes tiefe Überzeugung. So bekennt Faust nach seinem Erwachen aus dem Heilschlaf:

Du regst und rührst ein kräftiges Beschließen, 4684
Zum höchsten Dasein immerfort zu streben. –

Nicht umsonst spricht Mephisto nach seinem Verlust von Fausts Unsterblichem von diesem als von »hoher Seele« (11830). Das bezieht sich auf den Strebenden. Und die Engel sprechen davon, dass sie den vom Bösen erlösen können, der »immer strebend sich bemüht« (11936).

Theodor W. Adorno stellt die wichtige Frage: »Wird nicht Faust darum gerettet, weil er überhaupt nicht mehr der ist, der den Pakt unterschrieb; […]? […] Nur durchs Vergessen hindurch, nicht unverwandelt überlebt irgend etwas.«[7]

In der Szene »Bergschluchten« ist von Faust anfangs gar nicht die Rede, aber die Läuterungsschritte seiner Entelechie werden in den Erlebnissen der frommen Patres sichtbar. Als die letzten Erdenreste, die irdischen Flocken, von seiner Entelechie abgelöst sind, kann er von Gretchen zu »höhern Sphären« geführt werden.

Mephisto. Mephistos Aufforderung an Faust: »Her zu mir!« am Schluss von *Faust I* deutet darauf hin, dass die beiden verbunden bleiben. Dennoch ist Mephistos Rolle als Begleiter Fausts jetzt eine andere. Er bleibt zwar der wache Beobachter, widerredend, spottend, fördernd, hemmend, arrangierend, kommentierend. Doch ist er weniger der Versucher und Gegenspieler. Die beiden Vertragspartner arbeiten häufig zusammen. Dabei wirkt Mephisto in

Mephisto als Partner

seinen ironischen Kommentaren immer erfrischend, vor allem dann, wenn er Wahrheit und Lüge geschickt vermischt und sich selbst kritisch betrachtet.

Zu den geistigen Bereichen, zum Beispiel zum Reich der Mütter oder zu den Läuterungsphasen von Fausts Entelechie in der letzten Szene, hat er keinen Zugang. Hier ist er im Gegensatz zum »Prolog im Himmel« nicht mehr Partner der himmlischen Mächte.

An die Vorgänge in Fausts Inneren, zum Beispiel in der »Klassischen Walpurgisnacht« im II. Akt, muss er sich anpassen, und er tut dies nicht immer sehr souverän im Vergleich zur Walpurgisnacht in *Faust I.* Nach einer gewissen Eingewöhnungsphase in die ihm zunächst fremde Welt ist er dann jedoch präsent und aktiv.

Im III. Akt macht er eine merkwürdige Verwandlung durch. Zwar ist er als Phorkyas das hässliche und geifernde Gegenbild zu Helena und lässt sie durch seine Vorwürfe an ihrer Identität zweifeln, dennoch wird er von der Chorführerin später als »Ur-Urälteste« angesprochen, die ihr »erfahren, weise, [...] gut gesinnt« (8951) erscheint. Und der Chor nennt sie, nach all dem aufgeregten Geschrei zuvor, »Ehrenwürdigste der Parzen, weiseste Sibylle« (8957). Diese Verwandlung der Einschätzung gipfelt dann in der Szene »Innerer Burghof«, als Helena sie gar als »Pythonissa« (9135), als Priesterin und Seherin des Apollon Pythios, anspricht und ihr für die Rettung vor Menelaos dankt.

Auch später noch zeigt Phorkyas in diesem Akt Züge, die trotz all ihrer Störungsversuche eher positiv zu werten sind. So wenn sie sich lobend über Euphorions Gesang äußert oder wenn sie Faust eindringlich rät, Helenas Kleid und Schleier festzuhalten, denn »göttlich ist's. Bediene dich der hohen, / Unschätzbarn Gunst und hebe dich empor: / Es trägt dich über alles Gemeine rasch / Am Äther hin, so lange du dauern kannst« (9550–53).

Verwandlungskünstler

Um all seine Aufgaben als kritischer Begleiter und Beistand des Weltenwanderers und Weltenveränderers Faust erfüllen zu können, ist Mephisto in den verschiedenen Situationen Narr, Finanzierungsbetrüger, Geiz, Universitätsprofessor, Verwalterin (Phorkyas), siegessicherer Feldherr und Organisator, Manager für Import-Export und Logistik, Säuberungs-Scherge und Sklaven-Aufseher. Er ist aber auch, vor allem in den beiden letzten Akten, »der in allen Künsten [...] der Verharmlosung und Beschwichtigung Geübte«[8].

In der Abfolge dieser Funktionen wechselt seine Erfolgsbilanz zwischen Sieg und Rückzug, am eindrücklichsten schließlich in der Spiegelung der Pakt-Szene im V. Akt, wo er als »ausgepichter Teufel« (11839) den ›Gewinn‹ seiner Wette an die Engel verliert:

> Mir ist ein großer, einziger Schatz entwendet: 11829
> Die hohe Seele, die sich mir verpfändet,
> Die haben sie mir pfiffig weggepascht.

Dass sein Verlust selbstverschuldet ist, sieht er ein. Das Bemerkenswerte ist: Er erscheint hier noch einmal, wie im »Prolog im Himmel« zu Anfang des ersten Teiles, als eingebunden in den großen Schöpfungsplan des Herrn: »Ich habe deinesgleichen nie gehasst (337).« So ist selbst er, der Böse, wenn auch auf der untersten Stufe der Sinnlichkeit, der allumfassenden Liebe ausgesetzt: dem Rosenregen der Büßerinnen, der die Teufel vertreibt; unter diesen Büßerinnen befindet sich auch Gretchen. Mephisto hat dem nichts entgegenzusetzen und gibt sich geschlagen.

Nach dieser Niederlage verschwindet er aus der verbleibenden Handlung.

Homunculus. Homunculus ist die zentrale Gestalt des II. Aktes, auch wenn er nicht ohne Faust und damit auch nicht ohne Mephisto existiert. Er ist ein Gebilde aus Fausts Innerem.

Homunculus als Gedankenkonstrukt

Fast im Sinne einer Bestrafung für seinen Wunsch, Helena besitzen zu wollen, wird Faust ›zurückgeworfen‹ in sein Studierzimmer – Bild für den Bewusstseinszustand des reinen Verstandesmenschen, den er schon meinte überwunden zu haben. Homunculus existiert als Verstandesgebilde in dem Teil seines Bewusstseins, der trotz seiner Neugeburt zu Beginn von *Faust II* immer auch noch Wagner geblieben ist. Er bringt dieses körperlose Gebilde von seinem Gang zu den Müttern und der Helena-Begegnung am Kaiserhof mit und muss nun seine Helena-Suche neu beginnen. Homunculus ist das, was Faust vom vollkommenen Menschen bis dahin weiß: bloße Idee.

Wagner steht also stellvertretend für den bewusstlosen Faust, das bedeutet, dass Faust in seiner Beziehung zu Helena auf dieser reinen Verstandesstufe steht, die auch Mephistos Bereich ist. Deswegen seine Mithilfe bei Entstehung von Homunculus, die sich in Fausts Innerem vollzieht.

Goethe selbst nennt Homunculus einen »Dämon«, der »durch eine vollkommene Menschwerdung noch nicht verdüstert und beschränkt worden« ist. Er gleiche Mephisto an »geistiger Klarheit«, habe ihm aber durch »seine

Tendenz zum Schönen und förderlich Tätigen« viel voraus.[9] Diese Verwandtschaft ist es auch, die Homunculus veranlasst, Mephisto seinen »Vetter« (6885) zu nennen. Er vermag in Fausts Traumleben zu schauen und weiß, was zu seiner Gesundung notwendig ist.

Homunculus ist kein vollendeter Mensch – wie auch Faust noch nicht oder in seinem bewusstlosen Zustand nicht mehr. Damit beide jeweils auf ihre Art Mensch werden, müssen sie zurück nach Griechenland, zurück in die Urzeit, in frühe Phasen der Weltentstehung und zu Urbildern des Menschseins, wie sie in der griechischen Mythologie aufbewahrt sind. Und Mephisto muss sie begleiten, wenn auch widerwillig, während »Väterchen« (6879) Wagner zurückbleiben kann, da Faust als der eigentliche Vater die Reise unternimmt.

Mephisto und Faust verlieren Homunculus im Laufe seiner Wanderung, und keiner von beiden fragt auch je wieder nach ihm. Er löst sich, ergriffen von Liebe zu der schönen Galatee, im Meer auf, und diese »Auflösung« vollzieht sich zugleich mit dem Erscheinen Helenas, die zu Beginn des III. Aktes vom Meeresstrand kommt.

Helena und Euphorion. Helena ist eine Gestalt aus der griechischen Mythologie, die durch die abendländische Kulturgeschichte wandert und zu allen Zeiten als Bild weiblicher, mithin auch menschlicher Schönheit gegolten hat. Sie ist in unzähligen dichterischen Gestaltungen gepriesen und auch als bloßes »Weibchen« verhöhnt worden.

In der Szene »Hexenküche« in *Faust I* erscheint sie Faust zum ersten Mal als nacktes Frauenbild im Spiegel. Faust berauscht sich an dem Spiegelbild, er fühlt sich wie verwandelt, vorher nicht gekannte Begierde erfasst ihn. Dann verschwindet die Gestalt aus seinem Gesichtskreis. Gretchen tritt auf und wird für ihn zum Inbegriff begehrenswerter weiblicher Schönheit, getreu der Bemerkung Mephistos, das bewunderte Spiegelbild sei Helena, das »Muster aller Frauen« (2601), das er bald leibhaftig vor sich, ja bald in jeder Frau sehen werde.

Faust stürzt diese mephistophelisch herbeigerufene irdische Gretchen-Helena ins Unglück und verliert sie.
So wie in *Faust I* das Bild Helenas am Ende der »Hexenküche« verschwindet und als Gretchen wieder auftritt, so verliert Faust Helena im zweiten Teil am Ende des III. Aktes wieder und erinnert sich zu Beginn des IV. Aktes tief ergriffen an Gretchen. Hier sind also geheimnisvolle Verbindungen vorhanden, die Goethe »Spiegelungen« nennt.
Helena ist in der ganzen Faustdichtung die Gestalt, die die sichtbarsten Verwandlungen durchmacht, immer verbunden mit den Verwandlungen der Faustgestalt.
Fausts Suche nach Helena als dem Inbegriff menschlicher Schönheit und die Verbindung der beiden im III. Akt haben für Goethe einen europäisch-kulturgeschichtlichen und einen biographischen Aspekt.
In der Verbindung von Antike und Mittelalter/Rennaissance, die sich in der Vereinigung von Faust und Helena und der Geburt ihres Sohnes Euphorion vollzieht, liegt der europäisch-kulturgeschichtliche Aspekt. In Euphorion, der Personifikation romantischer Poesie, setzte Goethe auch dem von ihm hochgeschätzten griechenlandbegeisterten Dichter Byron ein Denkmal.

Über Euphorion sagt Goethe selbst: »Der Euphorion [...] ist kein menschliches, sondern nur ein allegorisches Wesen. Es ist in ihm die Poesie personifiziert, die an keine Zeit, an keinen Ort und an keine Person gebunden ist. Derselbige

Geist, dem es später beliebt Euphorion zu sein, erscheint [...] als Knabe Lenker, und er ist darin den Gespenstern ähnlich, die überall gegenwärtig sein und zu jeder Stunde hervortreten können.«[10]

Seit der Renaissance wird das griechische Schönheitsideal zunehmend Maßstab für die europäische Kunst und Literatur. Dieses Ideal prägt dann um 1800 die deutsche Kultur für einige Jahrzehnte.

Die Italienische Reise Goethes (1786–88) spiegelt diese Entwicklung biographisch als das ihn befreiende Erlebnis durch die antike Schönheit. Interessant ist in diesem Zusammenhang, dass die Szene »Hexenküche«, in der der Name Helena zum ersten Mal fällt, gerade in Italien entstanden ist.

Gretchen. Gretchen als Person in *Faust II* zu bezeichnen, scheint auf den ersten Blick nicht ohne weiteres verständlich. Und doch ist sie unsichtbar präsent.

Gretchen ist aus Fausts Bewusstsein zunächst gänzlich verschwunden. Auch als sie zu Beginn des IV. Aktes erscheint, wird sie nicht mit Namen genannt, sondern Faust spricht davon, noch zweifelnd, dass er in dem von seiner Brust und seinem Kopf sich lösenden »Nebelstreif« aus Helenas Schleier »jugenderstes, längstentbehrtes höchstes Gut« (10055/59) sieht. Dann fühlt er des »tiefsten Herzens frühste Schätze« (10060) in sich aufquellen und immer mehr verdichten sich seine Eindrücke, bis er die ihn ganz erfüllende Empfindung ausspricht:

Wie Seelenschönheit steigert sich die holde Form, 10064
Löst sich nicht auf, erhebt sich in den Äther hin
Und zieht das Beste meines Innern mit sich fort.

In der Verbindung mit dem Schönheitsideal Helena und ihrem unmittelbar folgenden Verlust wird ihm die Seelenschönheit Gretchens nun tiefes Erlebnis. Man könnte auch sagen: Das Erlebnis der vollendeten körperlichen Schönheit Helenas, die für den Griechen immer göttlichen Ursprungs ist (immerhin ist sie eine Zeus-Tochter), macht ihn fähig, die neuzeitliche Seelenschönheit zu sehen, die er einst nur geahnt hat bzw. die überblendet wurde von Sinnenschönheit und sinnlichem Begehren, etwa in der Szene »Zimmer« in *Faust I.*

Und diese namenlose »Seelenschönheit« im zweiten Teil, zu Beginn des IV. Aktes, in der jeder Leser Gretchen erkennen kann, bekommt in der letzten Szene »Bergschluchten« ihren Namen zurück, freilich verbunden mit einem Zusatz, der ihren Weg nach dem Tode charakterisiert: »Eine Büßerin, sonst Gretchen genannt« (nach 12083).

So ist die Erinnerung an Gretchens Seelenschönheit eine Art Vorblick auf diese letzte Szene, in der Faust, der »früh Geliebte, / Nicht mehr Getrübte« (1073 f.), von Gretchen empfangen wird.

Und die Mater Gloriosa sagt zu Gretchen, als sie darum bittet, den früh Geliebten über das, was ihn erwartet, belehren zu dürfen:

> Komm! hebe dich zu höhern Sphären! 12094
> Wenn er dich ahnet, folgt er nach.

Faust II endet also mit einer Wiedervereinigung der beiden schuldig gewordenen Liebenden, und das Mysterienspiel des Schlusses wirft insofern einen Blick auf die irdische Handlung, als die beiden Hauptgestalten sich in jenem geistigen Bereich in einer höheren Form der Liebe wiederfinden – nur für den Leser oder Zuschauer, dem geistige Dimensionen nichts sagen, ein ›sentimentales‹ »Happy End«.

Mater Gloriosa. Diese Gestalt erscheint nur kurz in der letzten Szene, als Fausts Unsterbliches in himmlische Höhen aufsteigt. Es ist naheliegend, sie mit Maria, der Gottesmutter, gleichzusetzen.

Geht man vom Prolog in *Faust I* aus, so müsste – eigentlich schon bei Fausts Tod – »der Herr« als oberste Instanz auftreten. Stattdessen erscheint *sie* und wird von Doctor Marianus als »höchste Herrscherin« (11997) und als »Jungfrau, Mutter, Königin, / Göttin« gepriesen (12102 f.). Dabei widersprechen besonders die Bezeichnungen »höchste Herrscherin« und »Göttin« durchaus traditionellen christlichen Vorstellungen.

In der Zwinger-Szene in *Faust I* ist sie die von Gretchen angeflehte Mater Dolorosa, die Schmerzensmutter. In der Schlussszene, durch den Schmerz hindurchgegangen, tritt sie verwandelt-erhöht als Mater Gloriosa, als Himmelskönigin auf und wird von Gretchen mit Worten angesprochen, die dem Gebet an die Mater Dolorosa nachgebildet sind.

Also eine Spiegelung der Personenkonstellation: Sünderin-Gretchen – Mater Dolorosa, Büßerin-Gretchen – Mater Gloriosa.

4. Zum Werkaufbau

Faust. Der Tragödie zweiter Teil in fünf Akten – so lautet das Titelblatt der Erstausgabe von 1833.

Tragödie in fünf Akten?

Goethe nennt also sein Werk »Tragödie«. Seit den Anfängen des Theaters in der Antike versteht man unter einer »Tragödie« ein Stück, das mit dem Untergang seiner Hauptperson endet. Die Bedeutung eines solchen Untergangs besteht darin, dass die Hauptfigur durch Selbsttäuschung und Eigensinn scheitert, in ihrem Scheitern und in der Katastrophe aber dann menschliche Größe entwickelt, indem sie Einsicht in ihr Tun zeigt, ihren Untergang als berechtigt ansieht und ihn innerlich überwindet.

Man kann *Faust II* im herkömmlichen Sinne eine Tragödie nennen, da Akt IV und V der Handlung die tragische Selbsttäuschung und Schuldhaftigkeit der Hauptfigur zeigen. Es ist die Tragik des Technokraten, der Dinge in Bewegung setzt, die er nicht mehr kontrollieren kann, die sich verselbständigen. Einsicht in diese Situation ist jedoch kaum vorhanden. Im Gegenteil, sogar im Todesaugenblick zeigt sich noch einmal Fausts Selbstüberschätzung und Selbsttäuschung. Ja, es ist höchste tragische Ironie, wenn er im Spatenklang der Totengräber den Klang der Spaten hört, die sein großes Entwässerungsprojekt vorantreiben.

Tragische Ironie

Und doch schimmert darin eine große Idee auf – auch wenn er sie bis zuletzt mit bösen Mittel zu verwirklichen sucht.

Das Außergewöhnliche des Schlusses dieser »Tragödie« liegt darin, dass sich an den irdischen Tod der Hauptfigur eine überaus bedeutende Fortsetzung anschließt, aus der heraus die Gesamthandlung, zum Beispiel die Tragödie um Gretchen und ihre Konsequenzen für Faust, überhaupt erst verständlich wird.

Diese bedeutsame Fortsetzung der Handlung *nach* dem irdischen Tod der Hauptfigur, mit dem ja normalerweise eine Tragödie endet, bringt eine derartige Steigerung und Rechtfertigung der irdischen Existenz Fausts, dass die Leser und Interpreten damit viele Probleme hatten und haben.

Mysterienspiel

Das, was man bis zu einem gewissen Grad als Tragödie bezeichnen kann, endet mit Fausts Tod. Das, was sich anschließt, hat man als Mysterienspiel oder als Mysterienszene bezeichnet, wobei man diesen Begriff in erweiterter Bedeutung auch auf andere Szenen von *Faust II* anwenden könnte.
Unter »Mysterienspiel« ist eine dramatische Handlung zu verstehen, in der über den Menschen und sein Tun und Lassen in einem jenseitigen Bereich verhandelt wird. Es werden irdische Vorgänge und deren Konsequenzen gespiegelt und gedeutet. Der »Prolog im Himmel« in *Faust I* und die Schlussszene von *Faust II* tragen sehr deutlich diesen Mysterienspiel-Charakter. Sie gehören als »Rahmenteile« im engeren Sinne nicht zur Handlung, soweit man bei *Faust II* überhaupt von »Handlung« sprechen kann, sondern deuten sie – vorausblickend und rückblickend – unter einem höheren Gesichtspunkt.

Doch auch Fausts Gang zu den Müttern und sein Gang mit Mantos Hilfe in die Unterwelt tragen diesen Charakter, ebenso der Beginn des zweiten Teils, wo überirdische Wesen auf ihn einwirken, zum Beispiel in »Anmutige Gegend«. Auch hier wird über den schlafenden Faust verhandelt, indem er zugleich »behandelt« wird. Der Mysterienspiel-

Charakter ist also hier ebenfalls zu finden. Himmel und Erde durchdringen sich.

Der Titel spricht dann weiter von einer Tragödie »in fünf Akten«. Auch diese Angabe erweckt traditionell Erwartungen. Das fünfaktike Drama, etwa im Sinne Schillers, zeigt eine Handlung, in der man in den Akten und Szenen innerhalb eines begrenzten, überschaubaren Zeitraums eine Entwicklung der Hauptfigur sehen kann. Die Problematik des Handlungsverlaufs wird dabei in einer Exposition entfaltet. Davon kann hier keine Rede sein. Zwar ist die Szene »Anmutige Gegend« mit dem großartigen Monolog Fausts als Abschluss eine Art von Prolog, aber diese Szene ist keine Exposition. In Fausts Worten sind Absichten oder Pläne bei seiner Hinwendung zur Erde allenfalls angedeutet. Was das sein könnte, bleibt offen:

> Du regst und rührst ein kräftiges Beschließen, 4682
> Zum höchsten Dasein immerfort zu streben. –

Nicht-kausale Akt- und Szenenfolge

Warum Mephisto ohne weitere Verabredung mit Faust plötzlich am Kaiserhof auftritt, warum Faust ohne jedwede Planung oder Absichtserklärung plötzlich als Plutus in der Mummenschanz erscheint – all das ist traditioneller Drameneröffnung entgegen. Im Sinne einer Exposition hätten die Absichten der beiden entwickelt werden müssen, um das Folgende problemlos verstehen zu können. So sind sie in einer bestimmten Situation einfach da und handeln, jeder auf seine Weise, mit entsprechenden Konsequenzen.

Ein anderes Beispiel für den nicht-kausalen Verlauf ist der Gang zu den Müttern. Er ist nicht direkt aus der vorangegangenen Handlung ableitbar. Fausts Aufgabe, Helena und Paris erscheinen zu lassen, ist eine bloße Laune des Kaisers und wäre durchaus als reines Zauberkunststück Mephistos denkbar – obgleich er sagt, er habe zum Bereich der beiden antiken Gestalten keinen Zugang. Auch ist aus Fausts Verhalten nicht erkennbar, dass Helena zu diesem Zeitpunkt ein erstrebenswertes Ziel für ihn ist oder dass er eine besondere Stufe innerer Entwicklung erreicht hätte, die diesen Schritt verlangt. Die Anspielung auf Helena in der Szene »Hexenküche« von *Faust I* reicht dazu nicht aus. So ist sein Eindringen in die Geheimnisse eines »fremdesten Bereichs« (6195) zunächst nur rein äußerlich der denkbar stärkste Kontrast zu der Oberflächlichkeit des Kaiserhofes, einer Bewusstseinshaltung und eines Besitzdenkens, in das Faust jedoch nach seiner Rückkehr selbst wieder verfällt und dadurch in einen Zustand gerät, der ihn handlungsunfähig macht. Die Szene »Finstere Galerie«, in der Mephisto tiefste Geheimnisse preisgibt, steht also merkwürdig fremd zwischen der von Täuschung geprägten Oberflächlichkeit der Szenen »Hell erleuchtete Säle« und »Lustgarten«.

Dem ist aber entgegenzuhalten, dass Faust als Plutus und Vater des Knaben Lenker aufgetreten ist, der die schöpferische Poesie verkörpert, mithin auch ein Streben nach der Schönheit, deren Verkörperung Helena ist. Doch bleibt dieser Bezug indirekt.

Der Zusammenhang zwischen den Akten und Szenen erschließt sich nur sehr langsam. Goethe hat davon gesprochen, dass der Leser »supplieren« müsse, d. h. ergänzen, das hinzufügen, was zu fehlen scheint, aber doch im Hintergrund bereitliegt. Und Georg Lukács hat über die Entfaltung der Handlung gesagt, der Leser und Zuschauer werde »immer vor die vollendete Tatsache einer höheren

Entwicklungsstufe gestellt, die sich dann – dramatisch – aus ihren eigenen, sich szenisch und geistig entfaltenden Kräften als in sich notwendig, als aus früheren organisch herausgewachsen zu beglaubigen hat«[11].

Auch die Spiegelung von Szenen gehört zu den Bauprinzipien dieser Tragödie. »Da sich gar manches unserer Erfahrungen nicht rund aussprechen und direkt mitteilen lässt, so habe ich seit langem das Mittel gewählt, durch einander gegenüber gestellte und sich gleichsam in einander abspiegelnde Gebilde den geheimeren Sinn dem Aufmerkenden zu offenbaren.«[12]

Technik der Spiegelung

Spiegelungen dieser Art finden sich zum Beispiel in den Personenkonstellationen: die Sünderin Gretchen vor der Mater Dolorosa und die Büßerin Gretchen vor der Mater Gloriosa sowie: Faust – Knabe Lenker, Faust – Euphorion.

Auch zu Beginn des V. Aktes lässt sich ein aufschlussreicher Spiegelungsmechanismus in den vier Gestalten Philemon und Baucis, des Wanderers und des Turmwächters beobachten. In ihnen spiegelt sich Fausts Handeln in dieser Phase seines Lebens, ohne dass er selbst ein Wort darüber verliert. »Philemon sieht die eindrucksvollen Resultate, Baucis gewahrt die bedenklichen Mittel. Die den fünften Akt durchgängig bestimmende Zweideutigkeit von Fausts Werk wirkt sich sogar in der Differenz der Auffassungen aus: Philemon bejaht das Neue, den ›Fortschritt‹, und beruft sich autoritätsgläubig auf Kaiser und Herold, während Baucis […] die magisch-bösen Kräfte im Deichbau beunruhigen […]. Philemon und Baucis, der namenlose Wanderer und der Turmwächter: Alle vier sind als Gegenfiguren konzipiert, die nicht Fausts Übermaß verdunkeln können, wohl

Der Verlauf der fünf Akte

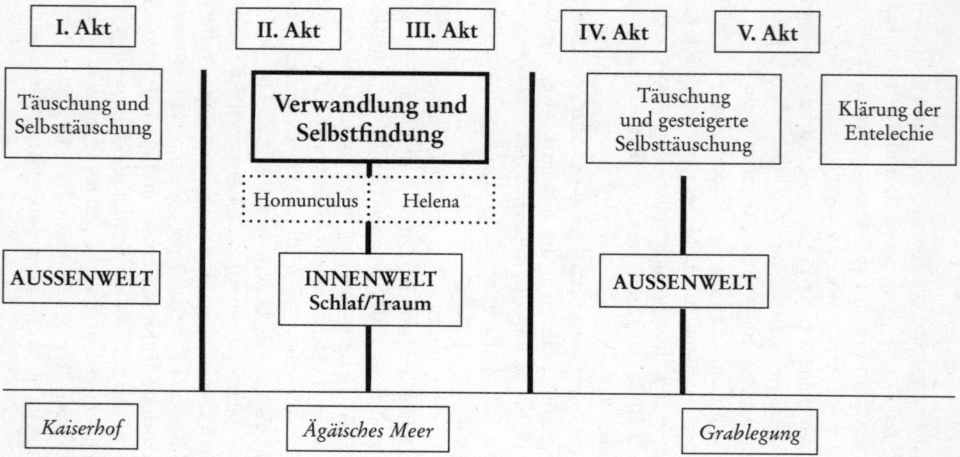

Fausts Verhältnis zur Welt und zu sich

aber – als ›abspiegelnde Gebilde‹, direkt und indirekt, sein Unmaß erhellen sollen.«[13]

Rascher Zeit- und Ortswechsel

Zu diesen ungewöhnlichen Bauformen kommt noch hinzu, dass der Zeitverlauf und die Ortswechsel allem bis dahin in der Tragödie Bekannten widersprechen. Die Szenen am Kaiserhof (I. Akt) und der Krieg mit dem Gegenkaiser (IV. Akt) spielen im ausgehenden Mittelalter, der Gang zu den Müttern, die Klassische Walpurgisnacht und die Begegnung mit Helena sind als innerseelische Erlebnisse Fausts anzusehen, die nach den Verlaufsformen des Traumes die unterschiedlichsten Raum- und Zeitebenen ineinanderschieben und Gestalten der Mythologie und der Geschichte mischen.

Damit ist inhaltlich und formal etwas ganz Neuartiges entstanden. Goethe selbst sagt: »Welchen Wert man endlich auch dem Stücke zuschreiben mag, dergleichen habe ich noch nicht gemacht, und so darf es gar wohl als das Neuste gelten.«[14]

Prologisierung

Darüber hinaus haben aber auch einzelne Akte Prologteile, die jeweils darauf hinweisen, wie der Fortgang der Handlung zu verstehen ist. So zum Beispiel zu Beginn des II. Aktes »Laboratorium« und zu Beginn des IV. Aktes »Hochgebirge«. Gerade in der letztgenannten Szene wird sichtbar, wie Fausts Monolog von der »Seelenschönheit« (10064) Gretchens auf seinen Aufstieg in der Szene »Bergschluchten« vorausweist.

5. Erläuterungen zum Text

»›Es sind darin einige Denkübungen‹, sagte ich, ›und es möchte auch mitunter einige Gelehrsamkeit erfordert werden.‹ […]

›Ich habe immer gefunden‹, sagte Goethe lachend, ›daß es gut sei, etwas zu wissen‹.«[15]

Dieses humorvolle Sätzchen Goethes gegenüber Eckermann über das in *Faust II* ausgebreitete Wissen ist Grund genug für das nachfolgende kleine Lexikon. Es bietet aber lediglich eine Auswahl der wichtigsten Erläuterungen.

Für eine differenzierte und umfassende Information sei verwiesen auf: Ulrich Gaier: Erläuterungen und Dokumente: Johann Wolfgang Goethe: *Faust.* Der Tragödie Zweiter Teil. Stuttgart 2004. (UB. 16022.)

Gestalten der antiken Mythologie

Achill (7435): vor Troja gefallener Held, nach seinem Tode von seiner Mutter, der Nereustochter Thetis, auf die Insel Leuke entführt. Dort lebte er mit Helena, die ebenfalls aus dem Schattenreich zurückkehren durfte. Ihr gemeinsamer Sohn war Euphorion, er wurde von Chiron erzogen und in der Heilkunde unterrichtet.

äolisch (7866): von Äolos, griechischer Gott der Winde.

Alcides (7219): Beiname des Herakles, nach dessen Großvater Alkaios.

Antäus (7077): Sohn des Meergottes Poseidon, ein Riese, dem aus der Berührung mit seiner Mutter Gäa (Gaia), der Erde, stets neue Kräfte zuströmten.

Aphidnus (8851): Freund des Theseus, der mit Peirithoos die noch unverheiratete Helena auf Aphidnus' Burg in Attika (griechische Landschaft mit Hauptstadt Athen) entführte.
Apoll (7566): griech. Apollon, Sohn des Zeus und der Leto. Sonnengott (Phöbus Apollo) und Gott der Künste, Führer der Musen. Weil er die Zyklopen getötet hatte, musste er in Thessalien ein Jahr lang die Rinder des Königs Admetos hüten.
Ares (7384): Sohn des Zeus und der Hera, griechischer Kriegsgott (röm. Mars), Geliebter der Aphrodite.
Argonauten (7339, 7365): griechische Helden, unter ihnen Kastor und Pollux, Herkules, Iason, Lynceus als Steuermann, Orpheus und Theseus. Sie fuhren unter Iasons Führung auf dem Schiff Argo nach Kolchis, um das Goldene Vlies zu rauben.
Äskulap (7451): Sohn des heilbringenden Gottes Apollo(n), hatte von Chiron Unterricht in allen Künsten erhalten, an Stelle von Apollon auch als Gott der Heilkunde verehrt.
Arimaspenvolk (7106): einäugiges skythisches Reitervolk.
Asphodelos-Wiesen (9975): Wiesen im Totenreich, auf denen die lilienartige Asphodelosblume wächst, sie galt als Symbol unfruchtbaren Bodens.
Atlas (6405): ein Titan, der im Westen, am Rande des ›Weltmeeres‹ (d. h. des Mittelmeeres), das Himmelsgewölbe trug.
Aurora (10061): griech. Eos, Göttin der Morgenröte.
Bacchus (10017): griech. Bakchos, Dionysos, Sohn von Zeus und Semele. Gott des Weins, des Rausches. Als der ältere, der Dionysos Zagreus, Sohn von Zeus und Persephone, wurde er von den Titanen zerrissen. Athene rettete sein Herz und belebte damit einen Lehmkörper. In seinen

Mysterien wurde er als sterbender und wiederauferstehender Gott gefeiert. Tod und Auferstehung sah man im Bild der Traube, die zerstückelt zu Most und durch Gärung zum berauschenden Wein wurde.

Baucis: s. **Philemon.**

Boreaden (7372): Söhne des Windgottes Boreas, die von Herakles getötet wurden.

Ceres (5128): griech. Demeter, Schwester des Zeus. Göttin der Fruchtbarkeit und des Wachstums.

Chelone (8170): eine Nymphe, die Hermes in eine Schildkröte verwandelte, da sie nicht zu Zeus' Hochzeit erschienen war.

Chiron (7199): Sohn des Kronos und der Philyra aus der Zeit der vorolympischen Götterwelt, ein Mischwesen mit einem Pferdeleib, aus dem ein menschlicher Oberkörper herauswächst. Er war wegen seiner überragenden Weisheit Erzieher vieler mythologischer Helden, u. a. von Kastor und Polydeukes (röm. Pollux).

Choretiden (8812): einzelne Sprecherinnen des Chores.

Circe (8123): die Zauberin Circe (Kirke) lebte auf der Insel Aiaia. Sie verwandelte die Gefährten des Odysseus in Schweine.

Daktyle (7622): von griech. *daktylos* ›Finger‹. Für Goethe ›Däumlinge‹, bei den Griechen fingerfertige Handwerker, Erzschmiede.

Deiphobus (9054): Sohn des trojanischen Königs Priamos. Er heiratete Helena nach Paris' Tod. Menelaos bestrafte ihn nach dem Fall von Troja, indem er ihn verstümmelte und dann hinrichten ließ.

Diana, Luna Hekate (7905): dreigestaltige Göttin, als Mondgöttin Selene (lat. Luna), Jagdgöttin Artemis (lat. Diana) und Unterweltsgöttin (griech. Hekate oder Per-

sephone); Hüterin der Fruchtbarkeit und des Zauberwesens.
Dioskuren (7369): Bezeichnung für Kastor und Polydeukes (Pollux), die Zwillingssöhne des Zeus und der Leda und Halbbrüder Helenas.
Doriden (8137): Töchter des Meeresgottes Nereus und der Nymphe Doris. Goethe unterscheidet gegen die Mythologie zwischen Doriden und Nereïden.
Dryas (7959): Baumnymphe.
Empuse (7732): ein blutsaugendes, den Lamien verwandtes Nachtgespenst mit Eselsfüßen.
Erichtho (7005): eine thessalische Zauberin, die der römische Feldherr Pompeius vor der Schlacht von Pharsalus nach dem Sieger befragte.
Euphorion (9599): s. **Achill**.
Faun (5819): s. **Satyr**.
Gäa (7391): Gaia, griechische Göttin der Erde, aus dem Chaos geboren, erschuf den Himmel.
Galatee (8145): die schöne Tochter des Nereus. Sie vertritt hier Aphrodite, die Göttin der Schönheit und der Liebe.
Grazien (5299): griech. Charites, Töchter der Zeus. Göttinnen der Anmut und Geselligkeit: Euphrosyne (festliche Freude), Aglaia (festlicher Glanz), Thalia (blühendes Leben). Goethe setzt Hegemone (die Führerin) – nach anderen Quellen – an die Stelle von Thalia, wahrscheinlich um die Verwechslung mit der gleichnamigen Muse (s. dort) zu vermeiden.
Greif (7083): Mischwesen, Tier mit Löwenleib, Raubvogelkopf und Flügeln.
Hades (9121): lat. Pluto, herrscht zusammen mit seiner Gemahlin Persephone über das Totenreich.

Harpyen (8819): Mischwesen, Mädchen mit Oberleib von Vögeln, die alles beschmutzten, was sie berührten.
Hebe (7392): Göttin ewiger Jugend. Die Götter gaben sie Herakles zur Frau, nachdem dieser die Unsterblichkeit erlangt hatte.
Hekate (7905): Göttin der Fruchtbarkeit und des Mondes. Als Mondgöttin dargestellt mit drei Gesichtern, entsprechend den Mondphasen: zunehmend als Selene (Luna), voll als Artemis (Diana), abnehmend als Hekate oder Proserpina.
Helios (8285): Sonnengott, fährt am Tage mit seinem Sonnenwagen von Osten nach Westen über den Himmel.
Hephästos (9672): Sohn von Zeus und Hera, Gott des Feuers und der Handwerker.
Herakles (8849): lat. Herkules. Als Sohn von Zeus und Alkmene der große Held der griechischen Mythologie. Er war berühmt wegen seiner Kraft und Schönheit, erledigte im Auftrag seines Onkels Eurystheus (nicht seines Bruders wie in Vers 7389) eine Reihe schwerster Aufgaben und befreite die Welt von Ungeheuern.
Hermaphrodit (8029): ein Sohn des Hermes und der Aphrodite. Die Nymphe Salmakias liebte ihn ohne Gegenliebe, die Götter verbanden die beiden zu einem männlich-weiblichen Doppelwesen.
Hermes (7384): Sohn des Zeus und der Bergnymphe Maia, Götterbote und Begleiter der Reisenden und der Toten auf dem Weg in den Hades. Mittler zwischen Götterwelt und Erde.
Hippokamp (vor 8275): sagenhaftes Seepferd mit Vorderhufen und Delphinschwanz.
Ibykus (7660): Die Kraniche des Ibykus, Anspielung auf Schillers Ballade, in dem Kraniche den Raubmord an dem griechischen Sänger Ibykos (um 528 v. Chr.) aufdecken.

Juno (7999): griech. Hera. Als Gemahlin des Zeus höchste Göttin, Beschützerin der Ehe.
Jupiter (4961): griech. Zeus. Der oberste Gott in der griechischen Mythologie. Er zeugte Kinder (z. B. Herakles, Helena, Dionysos) mit irdischen Frauen (Alkmene, Leda, Semele).
Kabiren (8074): Gottheiten, deren Mysterienstätte sich auf der Insel Samothrake befand. Sie werden von Goethe als gewaltige Götter der Schöpfungsgeheimnisse gesehen.
Karyatide (7545): urspr. Mädchen aus Karyä bei Sparta, die bei Kulttänzen zu Ehren der Artemis einen korbartigen Kopfschmuck trugen. In der Architektur plastische Figuren, die das Dach eines Tempels tragen.
Kypris (8146): s. **Venus**.
Lamien (7235): verführerische weibliche Dämonen, die Männer anlocken, um deren Blut zu trinken.
Leda (10050): s. **Tyndareos**.
Lemuren (11512): lat. *lemures*, Gespenster der Verstorbenen.
Lernäische Schlange (7227): neunköpfige Schlange. Als Herakles das Ungeheuer töten wollte, wuchsen für jeden abgeschlagenen Kopf zwei neue nach. Er konnte sie erst bezwingen, als sein Begleiter Iolaos die Halsstümpfe mit glühenden Holzpfählen ausbrannte.
Lethe (4629): Fluss der Unterwelt; aus dem die Seelen der Verstorbenen tranken, um sich nicht mehr an ihr früheres Leben zu erinnern.
Lynceus (7377): der wegen seiner außergewöhnlichen Sehschärfe (der Luchsäugige) auf der Fahrt nach Kolchis das Schiff der Argonauten steuerte und den diese Eigenschaft für Goethe zum Idealtyp eines Turmwächters im III. und V. Akt machte.

Manto (7450): Priesterin des Apollon-Orakels und heilkundige Seherin, Tochter des blinden Sehers Teiresias. Goethe macht sie zur Tochter des Heilgottes Äskulap und damit zur Seherin und Heilerin, er zählt sie zu den Sibyllen.

Menelas (vor 8488): Menelaos, König von Sparta, verheiratet mit Helena, ein Bruder Agamemnons.

Musen (7567): neun Töchter des Zeus und der Mnemosyne (der Erinnerung), Göttinnen der schönen Künste und der Wissenschaften: Klio (Geschichte), Euterpe (Instrumentalmusik), Thalia (Lustspiel), Melpomene (Trauerspiel), Terpsichore (Tanz), Erato (Liebesdichtung), Polyhymnia (Lyrik, Musik), Urania (Astronomie), Kalliope (erzählende Dichtung), Begleiterinnen des Dionysos, dann auch des Apollon.

Myrmidonen (7873): Volk im südlichen Thessalien, Gefolgsleute des Achilles im Trojanischen Krieg. Der Sage nach von Zeus aus Ameisen geschaffen.

Neptunus (8141): griech. Poseidon, Bruder des Zeus. Gott des Meeres und der Gewässer. Wenn er mit seinem Dreizack in das Meer stieß, entstanden Stürme und Wellen, als Erderschütterer Seismos verursachte er auch Erdbeben.

Nereus (8082): alter griechischer Meeresgott vor Poseidon. Er zeugte mit der Nymphe Doris fünfzig Töchter, die Nereïden bzw. Doriden.

Nymphen (5872): griechische Naturgottheiten, die vor allem in Gewässern (Okeaniden bzw. Nereïden im Meer, Naiaden in Seen und Bächen), Bergen (Oreaden) und Bäumen (Dryaden) lebten.

Ops (7989): griech. Rhea, Vertreterin der ältesten Götterwelt. Rhea wurde als Erdmutter, Gemahlin des Kronos und Mutter des Zeus, später mit der römischen Ops, der Göttin des Erntesegens, gleichgesetzt.

Oreas (7811): griechische Bergnymphe.
Orkus (8762): in der römischen Mythologie Gott des Todes, zugleich Bezeichnung für das Totenreich.
Orpheus (4342): Sänger der griechischen Mythologie. Sein Gesang und sein Leierspiel vermochten alle Geschöpfe zu bezaubern. Die Götter der Unterwelt wurden durch seine Kunst so gerührt, dass er seine verstorbene Frau Eurydike in die Oberwelt führen durfte, sie jedoch wieder verlor, weil er sich verbotenerweise nach ihr umsah.
Pallas (7342): Beiname der Göttin Athene. In der Odyssee verwandelt sich Pallas Athene, die Göttin der Kunstfertigkeit und Weisheit, in Mentor, den Freund des Odysseus, und berät und begleitet Odysseus' Sohn Telemachos.
Parzen (vor 5305): griech. Moiren, Schicksalsgöttinnen. Klotho spinnt den Lebensfaden, Lachesis erhält ihn, und Atropos schneidet ihn ab.
Persephoneia (7490): Tochter des Zeus und der Demeter. Sie wurde von Pluto, dem Gott der Unterwelt, entführt und zur Mitherrscherin im Hades gemacht.
Philemon (11069): In Ovids *Metamorphosen* (8,631 ff.) sind Philemon und Baucis ein altes Ehepaar, die Zeus und Hermes, ohne sie zu kennen, gastfreundlich aufnehmen. Als Dank wird ihnen der Wunsch erfüllt, zusammen sterben zu dürfen.
Phöbus (4670): griech. Phoibos, ›der Strahlende‹, Beiname Apollons, des Gottes der Poesie und des Gesangs, der unter dem Namen Phoibos Apollon mit dem Sonnengott Helios gleichgesetzt wurde.
Phorkyaden (7967): drei Frauen der griechischen Mythologie, die das Alter und die Hässlichkeit personifizieren. Sie waren Töchter des Meergreises Phorkys und besaßen zusammen nur einen Zahn und ein Auge.

Proteus (8152): weissagender Meeresgott. Wurde er um eine Weissagung gebeten, entzog er sich dem meist durch Verwandlung seiner Gestalt. Für Goethe auch das Prinzip der Metamorphose, der Verwandlung alles Lebendigen.
Psyllen und Marsen (8359): Sie galten als Schlangenbeschwörer.
Pygmäen (7606): sagenhaftes Zwergenvolk.
Satyr (5829): griechische Naturgottheit (röm. Faun), die man sich bocksfüßig und mit Ziegenohren dachte. Satyre waren die Begleiter des Weingottes Dionysos und verkörperten das üppige Leben in der Natur.
Sibyllen (7455): weissagende Frauen.
Silenus (10033): griech. Seilenos, Sohn des Hermes und einer Nymphe, berauschter Begleiter und Erzieher des Weingottes, ritt immer auf dem »öhrigen« Esel.
Sphinx (7083): in Ägypten als Mischwesen mit dem Körper eines Löwen und dem Kopf eines Mannes dargestellt, in Griechenland als geflügelte Löwin mit Kopf und Brüsten einer Frau. Die Sphinx war in der griechischen Mythologie ein Todessymbol.
Stymphaliden (7220): menschenfressende Vogelungeheuer, die ihre eisernen Federn wie Pfeile abschießen konnten.
Tiresias (8817): alter blinder Seher aus Theben, Vater der Manto.
Titanen (7560): Söhne und Töchter des Uranos und der Gaia. Sie entrissen ihrem Vater die Herrschaft und setzten aus ihrer Mitte Kronos ein. Als Zeus Kronos stürzte, wurden sie nach langem Kampf von ihm besiegt und in den Tartaros geworfen.
Tritonen (8044): griechische Meergottheiten, Mischwesen aus Mensch und Fisch, Söhne des Triton, eines Sohnes von Poseidon und Amphitrite.

Tyndareos (8497): Herrscher von Sparta, verheiratet mit Leda, deren Tochter Helena Zeus zum Vater hatte.
Ulyss (7186): Odysseus. Auf seinen Irrfahrten kam er auch zur Insel der Sirenen. Um deren todbringenden Gesang anhören zu können, verschloss er die Ohren seiner Gefährten mit Wachs und ließ sich selbst am Mast seines Schiffes festbinden.
Venus (4957): griech. Aphrodite, Tochter des Zeus und der Dione, aber auch die aus dem Schaum des Meeres Geborene, die in Kypris (Zypern) an Land gestiegen sein soll. Göttin der Schönheit und der Liebe; auch als Name eines Planeten.
Zyklopen (8123): Die Zyklopen (Kyklopen) sind mächtige einäugige Riesen der griechischen Sage. Zu ihnen gehörte Polyphemos, der mehrere von Odysseus' Gefährten verschlang und dem Odysseus selbst entkam, indem er ihn im Schlaf blendete.

Historische Gestalten

Anaxagoras (7851): griechischer Philosoph (um 500–428 v. Chr.). Er hielt das Feuer für die Urkraft der Welt.
Ghibellinen, Guelfen (4845): In Oberitalien standen sich seit Anfang des 13. Jahrhunderts die Anhänger der Staufer (Ghibellinen, nach der schwäbischen Stadt Waiblingen), die die Herrschaft der deutschen Kaiser unterstützten, und die antikaiserlichen und papstfreundlichen Welfen (Guelfen) feindlich gegenüber.
Maria Aegyptiaca (12053): (lat.) ägyptische Maria. Die »Acta Sanctorum« sind eine Sammlung von Heiligen- und Märtyrerbiographien. Dort wird von der ägyptischen Maria

berichtet, eine unsichtbare Hand habe sie wegen ihres ausschweifenden Lebens beim Eintritt in die Grabeskirche zu Jerusalem zurückgestoßen. Aus Reue lebte sie über vierzig Jahre als Büßerin in der Wüste. Vor ihrem Tode schrieb sie die Bitte in den Sand, man möge sie begraben und für sie beten.

Mulier Samaritana (12044): (lat.) das samaritanische Weib. Nach Joh. 4 begegnet Jesus in Samaria am Brunnen Jakobs einer Frau und bittet sie um Wasser, obwohl die strenggläubigen Juden die vom ›rechten‹ Glauben abgefallenen Juden in Samaria meiden müssen. Im Gespräch verweist Jesus auf den Unterschied zwischen dem Wasser des Brunnens und dem Wasser des ewigen Lebens, das er zu geben vermag.

Naboth (11287): Im Alten Testament (1. Kön. 21) wird berichtet, dass König Ahab den Weinberg des Naboth erwerben wollte. Als Naboth sich weigerte, ließ Ahabs Frau Isebel Naboth ohne Wissen des Königs töten, so dass Ahab, unwissend schuldig, den Weinberg bekam.

Pompejus (7816): Gnaeus Pompeius Magnus (106–48 v. Chr.), römischer Feldherr, wurde von Cäsar im Kampf um die Macht in der Schlacht bei Pharsalos 48 v. Chr. besiegt und auf der Flucht ermordet.

Sardanapal (10176): griechischer Name des assyrischen Königs Assurbanipal (668–626 v. Chr.). Sein Name steht für den Typ des Herrschers, der ein Wüstlingsleben führt.

Thales (7851): Thales von Milet (639–546 v. Chr.) sah im Wasser den Ursprung der Welt und des Lebens.

Zoilo-Thersites (5457): Zoilos (um 350 v. Chr.), antiker Grammatiker, ein kleinlicher Kritiker des Homer; Thersites, von Homer in der Ilias als hässlicher Lästerer dargestellt. Hinter dieser Doppelgestalt verbirgt sich Mephisto.

Orte

Ägäisches Meer (7501): zwischen Griechenland und Kleinasien, mit vielen Inseln.
Argolis (9473): östlichste Halbinsel der Peloponnes.
Arkadien (9569): Gebirgslandschaft im Zentrum der Peloponnes, Urbild einer »heilen« Welt der Einfachheit, Bescheidenheit und Lebensfreude, d. h. auch der Freude an der Musik.
Eleusis (7420): antike griechische Stadt an der Küste von Attika nordwestlich von Athen.
Elis (9470): Landschaft an der Westküste der Peloponnes.
Messene (9471): Landschaft im Südwesten der Peloponnes.
Olymp (7466): Gebirgszug zwischen Makedonien und Thessalien. In der antiken Mythologie Sitz der Götter.
Paphos (8147): Stadt an der Südwestküste Zyperns mit Aphrodite-Heiligtum.
Peneios (6952): Hauptfluss in Thessalien, der nach Osten durch das Tempetal (zwischen Olymp und Ossa) fließt und ins Ägäische Meer mündet.
Pharsalus (6955): In der Ebene von Pharsalus in Thessalien besiegte Caesar am 9. August 48 v. Chr. Gnaeus Pompeius Magnus.
Samothrace (8071): Samothrake, Insel im Ägäischen Meer, Mysterienstätte der Kabiren.
Sparta (8501): in der Antike mächtiger, mit Athen konkurrierender Stadtstaat auf der Peloponnes, in der Sage Herrschersitz des Menelaos.
Taygetos (8996): nord-südlich verlaufendes Gebirge auf der Peloponnes.
Theben (9032): Hauptstadt von Böotien in Mittelgriechen-

land, in der Sage durch die Belagerung von sieben Fürsten bedroht.
Thessalien (6979): Landschaft im östlichen Mittelgriechenland.

Begriffe, Sachen

Anachoreten (vor 11844): Einsiedler, die in Askese und Meditation die Gottesschau zu erlangen suchen.
Chrysalide (6729): Schmetterlingspuppe.
Exuvien (vor 9955): Kleidung oder Rüstung eines Toten.
Lacerte (7774): Eidechse.
Metamorphose (7759): Verwandlung.
Mysterien (5032): geheim gehaltene Kulte einer Gottheit.
old Iniquity (7123): (engl.) altes Laster; im altenglischen Theater Verkörperung des Lasters.
Thalamos (8685): Schlafgemach mit Ehebett.
Thyrsusstange (7777): ein mit Efeu und Weinlaub umwundener Stab, den die Begleiter des Weingottes Dionysos trugen. Ein Pinienzapfen bildete das Ende dieses Stabes.
Trident (9669): Dreizack.

6. Aspekte der Interpretation

Auf Fragen, wie seine Werke zu verstehen, zu interpretieren seien, hat Goethe fast immer geschwiegen – bis auf einige Hinweise zu *Faust*, die er Eckermann gegeben hat. Gewiss hätte er auch den vorliegenden Versuch eines *Lektüreschlüssels* mit den Worten kommentiert, die Eckermann trotz ihrer Gespräche über das Werk zu hören bekam:

»Der *Faust* [...] ist doch ganz etwas Inkommensurables, und alle Versuche, ihn dem Verstande näher zu bringen, sind vergeblich.«[16]

Die *Faust*-Forschung geht heute davon aus, dass es bei der Interpretation von *Faust II* um unterschiedliche Lesarten einzelner Partien gehe, d. h. um verschiedene Zugänge,[17] die alle eine gewisse Gültigkeit beanspruchen können, die einander ergänzen. Darin besteht die Offenheit und die Großartigkeit der Konzeption des ganzen Werkes. Im Folgenden werden aus dem fast unübersehbaren Fragenkomplex zur Interpretation von *Faust II* drei besonders wichtig erscheinende Interpretationsaspekte aufgegriffen. Dabei wird immer wieder, zum Teil ausführlich, aus der Forschung und den verschiedenen »Lesarten« zitiert.

Zur sprachlichen Form des Werks

Dass *Faust II* eines der größten Sprachkunstwerke der deutschen Literatur ist, lässt sich heute, in einer Zeit, in der es die Literatursprache vergangener Zeiten bei den Lesern schwer hat, nicht ohne weiteres vermitteln.

Theodor W. Adorno hat bereits 1958 den Versuch unternommen, das bewusstzumachen. Er schreibt in seinem Essay über die Schlussszene: »Dem heute unversöhnlich klaffenden Widerspruch zwischen der dichterisch integren Sprache und der kommunikativen sah bereits der alte Goethe sich gegenüber. Der zweite Teil des *Faust* ist einem Sprachverfall abgezwungen […]. Was an Goethes Altersstil für gewaltsam gilt, sind wohl die Narben, die das dichterische Wort in der Abwehr des mitteilenden davontrug.«[18] Adorno erläutert das an Beispielen. Vielleicht zunächst schwer verständlich, aber doch eindruckvoll ist seine Bemerkung über den »Chor seliger Knaben«, wo er davon spricht, dass ein Wort durch den Dichter »Immunität« gegenüber seiner geschichtlichen Entwicklung bekommen kann:

Goethes Altersstil

Hände verschlinget 11927
Freudig zum Ringverein

Adorno meint, dass das Wort »Ringverein«, das heute eindeutig der Athleten-Szene zugeordnet wird, im Kontext dieser Stelle nicht lächerlich wirke, sondern im Gegenteil das »Echtheitssiegel« dieser Szene ausmache.

Innerhalb der Literatur zu *Faust II* existiert ein Buch im Umfang von 300 Seiten, das sich ausschließlich mit der Sprachform des Werkes beschäftigt[19]. Ein solcher Interpretationsansatz dürfte in der deutschen Literaturwissenschaft kaum seinesgleichen haben. Dieser Ansatz geht u. a. auch davon aus, dass *Faust II*, im Vergleich etwa zu einer Tragödie Schillers, kein durchgehendes Versmaß besitzt, sondern, entsprechend den im Werk auftretenden unterschiedlichen Welt- und Bewusstseinsbereichen, viele unterschiedliche Versmaße aufweist.

Sie geben den einzelnen Szenen neben anderen sprachlichen Elementen (Lautgestalt, Satzbau, bildhafte Sprache) jeweils die charakteristische Färbung. Wie kaum in einem anderen Werk der deutschen Literatur wird hier erlebbar, dass Form und Inhalt sich wechselseitig bedingen. Goethe selbst hat das in seinen Notizen zu *Faust II* auf die knappe Formel gebracht: »Gehalt bringt die Form mit. Form ist nie ohne Gehalt.«[20]

Faust *als sprachrhythmisches Kunstwerk*

An drei Beispielen seiner Verssprache sei das gezeigt, als Anregung für weitere Entdeckungsreisen.

»Anmutige Gegend«. Der Mensch Faust ist zunächst ohne Bewusstsein, und Naturgeister beherrschen mit ihrem für diesen Menschen wohltätigen Wirken die Szene.

Das charakterisierende Adjektiv »anmutig« aus der Szenenüberschrift taucht noch einmal auf, wenn in der Szenenanweisung von »anmutigen kleinen Gestalten« des Geisterchores die Rede ist. Diese zweimal betonte »Anmut« wird rhythmisch hörbar in den vierfüßigen Trochäen des singenden Luftgeistes Ariel.

Ätherische Leichtigkeit vermitteln diese Verse, wobei Versmaß und Lautfolge miteinander verschmelzen. Die Laute der betonten Stammsilben sind wiederkehrend: e – ü – ü – e / ei – e – ei – ö und ziehen sich durch die Versfolge, dazu der Wechsel von weiblichen und männlichen Reimen im Kreuzreim:

Wenn der Blüten Frühlingsregen 4613
Über alle schwebend sinkt,
Wenn der Felder grüner Segen
Allen Erdgebornen blinkt,

Kleiner Elfen Geistergröße
Eilet, wo sie helfen kann;
Ob er heilig, ob er böse,
Jammert sie der Unglücksmann.

Fausts Terzinen-Monolog

Dann, als das Licht der aufgehenden Sonne erscheint, verschwindet der Geisterreigen unter den mahnenden Versen Ariels, und der Mensch, Faust, erwacht, erlangt sein Bewusstsein wieder und begrüßt den Morgen. Goethe wählt für diesen »Begrüßungsmonolog« eine Strophen- und Versform, die diesen feierlichen Augenblick der Wiedergeburt und der Zukunftsorientierung rhythmisch trägt. Es sind Terzinen, dreizeilige Reimstrophen, die nach dem Schema aba bcb cdc ineinandergefügt sind. Das Versmaß ist im Gegensatz zu den vierfüßigen Trochäen der Elfenstrophen der fünffüßige Jambus, den man auch als steigendes Versmaß bezeichnet, da die unbetonte Silbe zu Anfang steht und zur betonten aufsteigt. Diese steigende Tendenz des Verses ist es, die die innere Haltung Fausts, seine Zukunftsorientierung, hörbar macht.

Goethe selbst sieht in der Terzine zum einen eine Form, die »gar keine Ruhe hat« zum andern meint er, sie müsse »einen großen, reichen Stoff zur Unterlage haben, wenn sie gefallen« solle[21]. Beides trifft hier zu.

Zwei weitere jambische Versmaße prägen wichtige Szenen, indem sie Zeitkolorit vermitteln und den historischen Abstand hörbar machen.

»Vor dem Palaste des Menelas zu Sparta«. Helena erscheint, sie kommt aus dem Hades, meint jedoch auf dem Schiff aus Troja zurückgekommen zu sein und lebt so noch

Helenas Trimeter-Monolog

in ihrer Vergangenheit. Goethe lässt sie im reimlosen jambischen Trimeter sprechen, dem Versmaß der griechischen Tragödie. Sechs Jamben, die zu drei Dipodien (Einheiten aus zwei Jamben) zusammengefasst sind:

Bewundert viel und viel gescholten, Helena, 8488
Vom Strande komm ich, wo wir erst gelandet sind,
Noch immer trunken von des Gewoges regsamem
Geschaukel, das vom phrygischen Blachgefild uns her
Auf sträubig-hohem Rücken, durch Poseidons Gunst
Und Euros' Kraft, in vaterländische Buchten trug.

Der regelmäßige Bau der Verse kann jedoch das noch nachwirkende Geschaukel des Schiffes rhythmisch nicht unterdrücken, ja es soll hörbar werden durch die rhythmischen Verschiebungen: Die ersten beiden Verse sind ganz regelmäßig gebaut, dann »schaukelt« der Vers:

Noch ímmer trúnken vón des Gewóges régsamém
Gescháukel, dás vom phrýgischen Bláchgefild uns hér

Dieser Monolog Helenas zeigt sie, auch rhythmisch-sprachlich, als die große mythische Gestalt Griechenlands.

Wenn sie sich in der nächsten Szene »Innerer Burghof« mit Faust verbindet, wird diese Verbindung in einer Verwandlung des Versmaßes hörbar. Helena ›verlässt‹ den jambischen Trimeter und ›tritt ein‹ in den christlich-abendländischen Reimvers. Sie hört die Reimverse des Lynceus und ist davon so angezogen, dass sie intuitiv eine treffende Beschreibung des Reims findet:

Doch wünscht ich Unterricht, warum die Rede 9367
Des Manns mir seltsam klang, seltsam und freundlich.
Ein Ton scheint sich dem andern zu bequemen,
Und hat ein Wort zum Ohre sich gesellt,
Ein andres kommt, dem ersten liebzukosen.

Und nun beginnt ein Ineinander der Sprachströme des Südens und des Nordens. Faust, der im Kontrast zum antiken Dramenvers des reimlosen jambischen Trimeters bisher im nordischen Dramenvers des jambischen reimlosen (Blank-)Verses gesprochen hat, erläutert ihr »die Sprechart unserer Völker« (9372) und gibt ihr dann im Dialog *Reim*worte, auf die sie ›antwortet‹:

HELENA. So sage denn, wie sprech ich auch so
schön? 9377
FAUST. Das ist gar leicht, es muss von Herzen gehn.
Und wenn die Brust von Sehnsucht überfließt,
Man sieht sich um und fragt –
HELENA. wer mitgenießt

Helena »webt« sich in die fünffüßigen gereimten Jamben Fausts ein.

HELENA. Ich fühle mich so fern und doch so nah 9411
Und sage nur zu gern: Da bin ich! da!
FAUST. Ich atme kaum, mir zittert, stockt das Wort;
Es ist ein Traum, verschwunden Tag und Ort.
HELENA. Ich scheine mir verlebt und doch so neu,
In dich verwebt, dem Unbekannten treu.
FAUST. Durchgrüble nicht das einzigste Geschick!
Dasein ist Pflicht, und wär's ein Augenblick.

Damit ist Helena »da«, sie ist in der mittelalterlichen Welt Fausts angekommen, die sich schon zur Renaissance hinüberneigt, und richtet sich in ihr ein, ist dem noch »Unbekannten treu«. Sie ist aus dem Mythos in die Geschichte eingetreten.
Als sie nach dem Tode Euphorions wieder in den antiken Hades entschwindet, verlässt sie damit den Thron, auf den Faust sie mit seinen Reimversen eingeladen hat, und verbindet sich erneut mit dem antiken Trimeter:

Ein altes Wort bewährt sich leider auch an mir: 9939
Dass Glück und Schönheit dauerhaft sich nicht vereint.
Zerrissen ist des Lebens wie der Liebe Band;
Bejammernd beide, sag ich schmerzlich Lebewohl
Und werfe mich noch einmal in die Arme dir.
Persephoneia, nimm den Knaben auf und mich.

Neben dem jambischen Trimeter und dem Blankvers taucht noch ein jambisches Versmaß auf, das szenenbestimmend ist, der so genannte Alexandriner. Er kommt von den mittelalterlichen französischen Alexander-Epen her, wird dann im Barock wieder aufgegriffen, gilt aber zu Goethes Zeit schon als altmodisch und erscheint vor allem wegen seiner Länge von 12 oder 13 betonten und unbetonten Silben, der strengen Zäsur in der Mitte und dem dazugehörenden Kreuz- oder Paarreim als klappernd-leiernd und leer. Wenn Goethe den Alexandriner mit Paarreim in den Kaiser-Szenen des IV. Aktes verwendet, dann deutet das auf die Hohlheit dieser feudalen Gesellschaft:

Alexandriner als »abgelebter« Vers

Es séi nun, wíe ihm séi! | uns íst die Schlácht gewónnen, 10849
Des Féinds zerstréute Flúcht | im fláchen Féld zerrónnen.
Hier stéht der léere Thrón, | verrắterischer Schátz,
Von Téppichén umhúllt, | veréngt umhér den Plátz.

Diese Beispiele zeigen, wie unauflösbar bei Goethe Inhalt und Form aufeinander bezogen sind: »Gehalt bringt die Form mit. Form ist nie ohne Gehalt.«[22]

Wenn Adorno nach Gründen sucht, »warum seine Dichtung [*Faust II*] mit Grund schön genannt wird« – und er meint das im Hinblick auf die Sprache –, so sieht er in ihr »eine eigentümliche Qualität von Großheit«. Dabei betont er, dass diese »Großheit« nicht mit Monumentalität verwechselt werden dürfe. Er räumt zwar ein, dass sie jeder »näheren Bestimmung« spotte, entscheidet sich aber dann doch für ein schönes Bild: »Am ähnlichsten ist sie vielleicht dem Gefühl des Aufatmens im Freien.«[23]

Der III. Akt – die »Achse, auf der das ganze Stück dreht«

Helena innerhalb Goethes Faust-*Konzeption*

Die Verbindung Fausts mit Helena gehört zu den ältesten Elementen des Faust-Stoffes vor Goethe und zu den ältesten seines Faust-Planes. Er selbst nennt es »eine meiner ältesten Konzeptionen« und ein »bedeutendes Motiv«, das »nicht zu versäumen« ihm »Pflicht« gewesen sei.[24]

Die Bedeutung der Gestalt Helenas für das Verständnis des zweiten Teils hat Schiller schon zu einem Zeitpunkt geahnt, als er nur eine Vorform der heutigen Helena-Handlung kannte und der Fortgang der Handlung im Einzelnen noch nicht erkennbar war. Er schrieb an Goethe: »Dieser Gipfel […] muß von allen Punkten des Ganzen gesehen werden und nach allen hinsehen.«[25]

Und Goethe äußert sich 1827 gegenüber Sulpiz Boisserée über die Bedeutung der Helena-Handlung: »Sie gelangen dadurch unmittelbar bis zu der Achse, auf der das ganze Stück dreht.«[26]

Es gibt vier sich steigernde Stufen der Begegnung oder Verbindung Fausts mit Helena in den Szenen: Hexenküche – Gretchenhandlung – Kaiserhof / Rittersaal – Innerer Burghof / Schattiger Hain.

Als Faust in der Szene »Hexenküche« des ersten Teils im Zauberspiegel das ihn magisch anziehende Frauenbild sieht und nach dem Verjüngungstrank noch bei seinem Anblick verweilen möchte, verspricht Mephisto ihm, er werde bald in jeder Frau Helena als das Muster aller Frauen erblicken. Gretchen nimmt dann unmittelbar danach diese Stelle ein. Von dem schönen »Liebchen« (2853 u. ö.) wird sie im zweiten Teil durch das Helena-Erlebnis der dritten und vierten Begegnung zum Inbegriff der »Seelenschönheit« (10064) – wie Faust sie in der Szene »Hochgebirg« in sehnsüchtiger Erinnerung sieht.

Vier Stufen der Begegnung Fausts mit Helena

Während die erste und zweite Begegnung mit Helena als Teil des mephistophelischen Sexualisierungsunternehmens ohne Fausts Zutun geschieht – ist die dritte Begegnung von Faust bewusst gewollt, freilich mit Mephistos Hilfe: Er soll und will für den Kaiser Paris und Helena, die Muster männlicher und weiblicher Schönheit, herbeiholen.

Zunächst gibt sich Mephisto hilf- und ratlos. Dann verrät

er, höchst unwillig, ein Geheimnis. Es sei eine ernste und schwierige »Expedition« in ein »fremdestes Bereich«, vor der er eindringlich warne und die möglicherweise »frevelhaft« sei (6195 f.): der Gang ins Reich der Mütter. Doch all seine Warnungen prallen ab am festen Entschluss Fausts, in dieses Reich einzudringen – auch wenn ihm durchaus davor schaudert. Und diese spontane Entschlossenheit hat nicht nur etwas mit dem Versprechen gegenüber dem Kaiser zu tun. Für ihn ist der Gang *die* Erweiterung seiner Erkenntnismöglichkeiten: »In deinem Nichts hoff ich das All zu finden« (6256). Dass er die Folgen solch weiten Ausgreifens in Unbekanntes noch nicht übersieht, zeigt sich an seinem Scheitern: Im Hochgefühl, den »Schreckensgang« zu den Müttern bestanden zu haben, meint er die auf diesem Wege zur bloßen Erscheinung gebrachte Helena als »seligsten Gewinn« (6489) auch besitzen zu dürfen. Das führt zu seiner Paralysierung, zur völligen Lähmung seines Bewusstseins, d. h. zu einer Reduzierung seines vollen Menschseins.

So hat er das, was er durch den mutigen Gang zu den Müttern gewonnen hat – selbst Mephisto erkennt das an –, durch egoistisches Streben wieder verloren. Er hat noch nicht erkannt, welches die Voraussetzungen für eine wirkliche Verbindung mit Helena sind.

Doch lebt die Sehnsucht nach dem »seligsten Gewinn« in Form des Traumes in ihm weiter. Er träumt in seinem Studierzimmer, unmittelbar neben Wagners Laboratorium, die mythische Zeugung Helenas: die Zeugung irdischer Schönheit durch einen göttlichen Vater und eine irdische Mutter.

Etwa gleichzeitig mit dem Traumgeschehen wird in diesem Laboratorium mit Mephistos Hilfe ein Homunculus, ein »Menschlein« erzeugt. Dabei überrascht, dass Wagner den Besuch Mephistos offenbar überhaupt nicht ungewöhnlich findet, ja dass er ihn begrüßt, zwar ängstlich, aber doch als ob erwartet: »Willkommen zu dem Stern der Stunde!« (6832).

Nun die oft gestellte Frage: Wer oder was ist Homunculus?

Eine einigermaßen plausible Antwort könnte sein: eine Projektion dessen, was Faust von seinem Gang zu den Müttern mitgebracht hat, was noch bloße Idee des Menschen, des schönsten Menschen war. Als bloße Idee ein »Menschlein« eben, was Faust aber dennoch in direktem Zugriff als »seligsten Gewinn« real besitzen wollte.

So könnte man Homunculus als das für Faust bis dahin fassbare Bild vom Menschen, mithin auch von Helena als Inbegriff menschlicher Vollkommenheit und Schönheit bezeichnen: eine Projektion auf der Bühne, eingeschlossen in ein Glasgehäuse, ohne wirkliche Beziehung zur Welt.

Der Entwicklungsprozess hin zu der Möglichkeit einer wirklichen Verbindung mit Helena und damit der Erkenntnis von vollendetem Menschsein, steht Faust noch bevor. Dieser Prozess ist aufs Engste verbunden mit der Menschwerdung des Homunculus.

Dass dieses »Menschlein« zu Faust gehört, zeigt seine Fähigkeit, in das Traumleben Fausts eingehen zu können. Gleichzeitig weiß dieses Wesen, was zu Fausts Wiederherstellung notwendig ist: Faust muss nach Griechenland gehen, in die Klassische Walpurgisnacht, um Zeugung und Geburt der Helena, anders als im Traum gesehen, Wirklichkeit werden zu lassen. Das ist gleichbedeutend mit Homunculus' eigener Möglichkeit – Mensch zu werden. Das geschieht in der vierten Begegnung von Faust

Homunculus und Helena

und Helena, die in ihrer Ehe mündet. Ihr ist der ganze III. Akt gewidmet.

»In diesem dritten Akt zu wohnen ist unsicher. Der Boden schwankt. Überall dringt Geistiges an, das greifbar sein will, entweicht Greifbares geisterhaft. Man sollte nicht glauben, dass in der Nähe der Schönheit das Leben so unsicher werde. Aber es ist so. Hier wird das Drama Künstlerdrama.«[27]

Fausts Begegnung mit Helena ist die Begegnung und Verbindung des neuzeitlichen Dichters – im Gewand eines mittelalterlichen Schlossherrn – mit dem antiken Schönheitsideal. Für Faust eine Art Neugeburt – so wie die Begegnung des Dichters Goethe mit der Antike auf seiner italienischen Reise. Über seine Eindrücke in Rom schreibt er:

Goethes Erlebnisse während seiner italienischen Reise

»man hat […] keinen Begriff, wie man hier geschult wird. Man muß sozusagen wiedergeboren werden, und man sieht auf seine vorigen Begriffe wie auf Kinderschuhe zurück«, und er präzisiert diese Empfindung: »Die Wiedergeburt, die mich von innen heraus umarbeitet, wirkt immer fort. Ich dachte wohl, hier was Rechts zu lernen; daß ich aber so weit in die Schule zurückgehen, daß ich so viel verlernen, ja durchaus umlernen müßte, dachte ich nicht.«

Und die darauf folgenden Sätze lesen sich dann fast wie ein Kommentar zu dem ganzen Helena-Komplex: »[…] und je mehr ich mich selbst verleugnen muß, desto mehr freut es mich. Ich bin wie ein Baumeister, der einen Turm aufführen wollte und ein schlechtes Fundament gelegt hatte; er wird es noch beizeiten gewahr und bricht gern wieder ab, was er schon aus der Erde gebracht hat, seinen Grundriß sucht er zu erweitern, zu veredeln, sich seines Grundes mehr zu versichern, und freut sich schon im voraus der gewissern Festigkeit des künftigen Baues. Gebe der Himmel, daß bei meiner Rückkehr auch die moralischen Folgen an mir zu fühlen sein möchten, die mir das Leben in einer weitern Welt gebracht hat. Ja, es ist zugleich mit dem Kunstsinn der sittliche, welcher große Erneuerung leidet.«[28]

Das »Fundament« für eine Verbindung mit Helena war am Kaiserhof zu schwach. Die Schönheit war bloße Idee aus dem Reich der Mütter. Es bedurfte der Begegnung und Vereinigung des Homunculus mit der schönen Galatea, um Helena Wirklichkeit werden zu lassen und zur innigsten Verbindung mit Faust zu führen. Das ist das neue Fundament für die Kunst, für die Dichtung der Neuzeit: Euphorion wird geboren. –

Der III. Akt ist dreigliedrig aufgebaut. Der erste, antike Teil wird bestimmt von Helenas Eingangsmonolog und ihrem Dialog mit Phorkyas-Mephisto.

Der zweite, mittelalterliche Teil ist geprägt durch den Zeitsprung von der Antike zum Mittelalter: die »Flucht« Helenas vor ihrem angeblich rachedurstigen Ehemann Menelaos auf die Burg des mittelalterlichen Fürsten Faust und dessen freudige Bereitwilligkeit, sie Mitherrscherin auf seinen Thron sein zu lassen. Beherrscht und voller Ehrerbietung tritt er der Schönen, der Göttlichen, gegenüber. Im Vergleich zu der Kaiserhof-Szene zeigt sich an ihm nichts mehr von egoistischem Besitzstreben, sondern nur Verehrung und Lobpreisung der Frau – so wie es die mittelalterlichen Minnesänger taten.

Helena tritt in dieser Szene aus ihrer mythisch-antiken in eine historisch-europäische Existenz. Ihre »Flucht aus

Sparta ist […] eine Reise in eine neue Menschheitszeit […], Faustens Wohnsitz […] die Verräumlichung einer neuen Menschheitsphase […], die auf Helena wartet.«[29]

Kennzeichen dieser neuen Menschheitsphase ist ein aus der Antike gewonnenes Kunstverständnis, das auch das der Goethezeit, der deutschen Klassik ist. Aus der Verbindung des mittelalterlichen Fürsten mit der antiken Königin geht das Kind Euphorion hervor. Dieser Knabe, der in Riesensprüngen seine Kindheit durchmisst, ist ein Bild – ein Bild für die Poesie, so wie es der Knabe Lenker in der »Mummenschanz« ist.

Euphorion als Bild für die Poesie

Beide Knaben sind »Söhne« Fausts. Der Knabe Lenker ist es im Spiel, eine bloßen Maske, die mit Faust ihren Auftritt hat. Knabe Lenker ist Scheinbild der Poesie, das auf den Hof belehrend wirken soll.

Euphorion ist jedoch der echte, der aus der Verbindung mit der Schönheit entstandene Sohn.

Und er ist nach Goethes eigener Aussage auch eine Allegorie[30] des Dichters George Gordon Noel Lord Byron (1788–1824), der als Teilnehmer am griechischen Freiheitskampf gegen die Türken bei Missolunghi an einer Krankheit gestorben ist. Goethe sah in Byron den größten Dichter seiner Zeit.

Dass Helena nach dem Tode Euphorions wieder zurück ins Totenreich muss, ist Ausdruck für die Erkenntnis von der Flüchtigkeit des Glücks, das Schöne sein Eigen zu nennen.

Ein altes Wort bewährt sich leider auch an mir: 9939
Daß Glück und Schönheit dauerhaft sich nicht vereint.
Zerrissen ist des Lebens wie der Liebe Band; […]

Schillers Gedicht *Nänie* hatte um 1800 diese bittere Einsicht in eine klassische Form gebracht:

»Auch das Schöne muß sterben! Das Menschen und Götter bezwinget,
Nicht die eherne Brust rührt es des stygischen Zeus.
Einmal nur erweichte die Liebe den Schattenbeherrscher,
Und an der Schwelle noch, streng, rief er zurück sein Geschenk.«[31]

Dieses »Einmal« spielt auf Orpheus und Eurydike an. Der mythische Dichter-Sänger Orpheus durfte die geliebte Eurydike aus dem Totenreich heraufführen, weil sein wunderbarer Gesang den Totenherrscher Hades, den stygischen Zeus, bezwungen hatte – doch mit der Auflage, die hinter ihm Schreitende nicht anzuschauen. Als er das aus Sehnsucht nicht vermochte, musste Eurydike zurück ins Totenreich. Der neue Orpheus Faust konnte Helena zwar in die Wirklichkeit holen, konnte mit ihr ein Kind zeugen, vermochte aber das mit ihr erlebte Glück nicht festzuhalten. Die Antike als großes Vorbild für die abendländische Kunst kann nicht zurückgeholt werden, aber die Verbindung mit ihr, die Orientierung an ihren Maßstäben kann dem modernen Künstler von Nutzen sein. Für den Dichter Goethe war das ein Stück Lebensaufgabe. Davon zeugen die oben zitierten Aufzeichnungen während der italienischen Reise. Er hat das antike Schönheitsideal in sich aufgenommen und ist als ein Verwandelter in den rauen Norden zurückgekehrt. Mit diesem Ideal hat er bis in die letzten Jahre seines Lebens gelebt. *Faust II* ist Beweis dafür, wie bedeutsam

Die Antike kann nicht zurückgeholt werden

dieses Erlebnis für ihn war und wie wichtig er es für die europäische Kultur einschätzte.
Im IV. und V. Akt zeigt Goethe, dass die europäische Kultur, die seit der Renaissance im Licht der Antike stand, sich am Ende seines Lebens zu verdunkeln beginnt.
Der Übergang in diese neue historische Epoche, die er in Anlehnung an eine Äußerung des Historikers Barthold Georg Niebuhr »als eine barbarische Zeit«[32] bezeichnet, wird zu Beginn des IV. Aktes sichtbar. Helenas Schleier, der Faust in den irdischen Wirkensbereich zurückgetragen hat, löst sich auf, und ihm bleibt die bloße Erinnerung an diese Verbindung mit der höchsten Schönheit, wie sie die Antike hervorgebracht hat. So steht er zu Beginn des IV. Aktes wieder an einem Anfang, der in Gestalt Mephistos mit Siebenmeilenstiefeln auf ihn zueilt. Aus dem Schönheitssucher Faust ist ein Tatendurstiger geworden, der sich in großen Projekten verwirklichen will und sich dabei erneut mit den Kräften des Bösen verbindet.

Das Erlebnis des Schönen ist kein bloßer Luxus

Stellt man also die Frage: Warum »Achse, auf der das ganze Stück dreht«, so wäre zu sagen: Fausts Helena-Suche führt vom I. Akt auf diese Mitte zu, und die nachfolgende Handlung ist von ihr bestimmt. Das Schönheitserlebnis, auch wenn es in Faust nur noch als große Erinnerung lebt, hat sein Menschenbild so bereichert, dass er davon durchdrungen ist, nun etwas im Irdischen Sichtbares schaffen zu müssen. Es soll etwas sein, was den Menschen unmittelbaren Nutzen bringt – so jedenfalls sein Plan. Dass er diesen Plan nicht ohne Mephisto verwirklichen kann, der ihm auch seinen Stempel aufdrückt – darin besteht die Tragik. Faust hat gewonnen und auch wieder verloren.

Der Streit um Fausts ›Rettung‹ und ›Erlösung‹

Kontroverse Deutungsansätze

»Bergschluchten« – die letzte Szene von *Faust II* hat wegen ihrer quer zur Tradition stehenden Wertevorstellungen immer wieder zu den unterschiedlichsten Interpretationsversuchen herausgefordert.

Der Goethe-Freund Carl Gustav Carus schrieb im 3. seiner *Briefe über Faust* am 4. Februar 1835 über diesen Schluss: »Was aber soll man denen sagen, welche, als Schergen der himmlischen Justiz, verlangen, daß Faust wegen begangener Übeltaten sofort nach seinem Abscheiden der oder jener Höllenmarter von Rechts wegen übergeben werde? Am besten wohl – nichts!«[33]

Das war im Jahre 1835 durchaus ein mutiges Wort. Etwa 150 Jahre später stellte ein Interpret mit einer gewissen Resignation fest, dass die Verse

Gerettet ist das edle Glied 11934
Der Geisterwelt vom Bösen:
»Wer immer strebend sich bemüht,
Den können wir erlösen«

eine Verwirrung hervorgerufen hätten, der »Generationen von Faust-Deutern nicht gewachsen waren«.[34]

Woher diese Verwirrung? Sie entstand und entsteht vor allem aus der immer noch aktuellen Frage: Warum muss und wie kann Faust nach allem, was geschehen ist, was er angerichtet hat, so ohne weiteres in einen himmlischen Bereich kommen?

Diese Frage ist für den, der in den christlichen Traditionen verwurzelt ist, ebenso beunruhigend wie für den

Atheisten, wenn auch natürlich aus unterschiedlichen Gründen.

Der Verteidiger eines christlichen Schlusses meint: »Das Wort: ›Wer immer strebend sich bemüht‹ hat gewiß seine Geltung. Nur: gilt es für Faust? Wir vermögen uns die Vollendung eines Menschen nicht zu denken ohne die […] große Wandlung. Aber auch wenn wir auf diese Ordnung verzichteten und Faust in seine eigene zu stellen suchten, würden wir die Fragen nicht los. Hat Faust wirklich gestrebt, strebend sich bemüht? […] Daß Faust um seines Strebens willen erlöst werden könne, lastet als eine schwere Frage auf uns; aber wir neigen uns dem Geheimnis, daß er erlöst wird im Strahlenkreise der Mater Gloriosa. […] Was immer man sagen mag gegen den Schluß des Faust […]: die große Dichtung strebt, von wunderbar divinatorischer Kraft getragen, in das Geheimnisvoll-Sakrale, und kann nur von dort her ganz ernst genommen, wirklich verstanden werden. […] Und erst hier, in der Religion der Gottesmutter, wird das Faustische wirklich bezwungen und gelöst: das Scheitern auf Erden würde ja keine Lösung im letzten Sinne bedeuten […].«[35]

Der atheistische Marxist hingegen behauptet: »Goethes Himmel ist […] nur ästhetisch-formal katholisch; dem Inhalt nach zeigt er die Fortsetzung der Goetheschen Linie einer ewigen Vervollkommnung des Menschengeschlechts, ist er ein Symbol für die – für Goethe konkret nicht vorstellbare – Einheit der echten Erfüllung und der grenzenlosen Fortbewegung des Menschen […]. Im Unterliegen rettet Faust den innersten Kern der menschlichen Persönlichkeit, eröffnet er den Weg zur jenseitig-utopischen Rettung des Menschengeschlechts […], einer Vollendung des Menschen als physisch-geistiger Persönlichkeit, einer Vollendung auf

der Grundlage des Beherrschens der äußeren Welt, der Erhebung der eigenen Natur zur Geistigkeit, Kultur und Harmonie, ohne ihre Naturhaftigkeit aufzuheben. [...] Die ästhetisch-katholische Form des Schlusses kann nur reaktionäre Romantiker oder liberale Flachköpfe irreführen.«[36]
Das als Hinweis auf die Eckpositionen.

Zwischen diesen beiden Positionen gibt es viele Ansätze, in denen sich aber meistens die gemeinsame Kernaussage finden lässt: ein ›nicht katholischer‹ Schluss, so zum Beispiel: »Faust wird nicht in einen christlichen, sondern in Goethes – in einen Himmel von Dichters Gnaden aufgenommen.«[37]

Wie ist nun dieser Himmel ›eingerichtet‹?

Dynamische Anlage der Szene

»Bergschluchten«, diese Überschrift der letzten Szene ist eigentlich irreführend. Die ganze Szene ist ein von einer Aufwärtsbewegung bestimmtes dynamisches Gebilde. Die Dynamik zeigt sich u. a. an der großen Anzahl entsprechender Ausdrücke wie: »steigern«, »wachsen«, »nach oben schweben«, »sich zu höhern Sphären heben«, »hoch«, »höher«, und das letzte Wort lautet »hinan«.

Die Szene beginnt in einer einsamen Berglandschaft, endet aber nicht dort, sondern diese Landschaft verwandelt sich in einen geistigen Bereich.

Ein Chor singt mit einem antwortenden Echo. Wie von außen und zugleich doch mitten darinnen sieht er die Landschaft in einer Aufwärtsbewegung. Es ist ein besonderer, ein geweihter Ort, an dem menschliches Streben nach Reinigung und Öffnung für die göttliche Liebe wirkt. Dieses Streben ist so mächtig, dass sogar die wilden Tiere, Bilder für die Triebhaftigkeit des Menschen, sich zahm den dort versammelten frommen Einsiedlervätern, nähern. Sie wirken an ihrer Vervollkommnung, deren Ziel die Vereinigung mit Göttlichen ist und damit die eigene Vergöttlichung.[38]

Drei von ihnen sprechen von ihrem spirituellen Streben. Pater Exstaticus – einer, der in geistiger Ekstase aus sich herausgetreten ist – auf- und abschwebend. Auch das Sterben ist ein solches aus sich Heraustreten, eine *ékstasis*, verbunden mit der Ablösung von all dem, was an das Irdische bindet.

In diesem Zustand wünscht er inständig die vollständige Abtötung des Irdischen, des Nichtigen durch Herbeirufung irdischer Marterinstrumente, gleich einem Märtyrer.

Die Wirksamkeit der Liebe

Doch wünscht er zu seiner »Reinigung« auch die Blitze, also das Wirken elementarischer Energien. Dadurch komme das Ewige, Dauerhafte hervor, zu dem die ewige Liebe gehört. Sie möge ihm als Leitstern leuchten.

Dieses Liebe-Motiv zieht sich dann durch die ganze Szene hindurch. Es wird zunächst vom Pater profundus aufgenommen. Er, der der Erde noch näher ist und die ganze Natur als Ausfluss der ewigen Liebe ansieht, bittet darum, deren Geschöpfe mögen als Boten der Liebe seinen verworrenen und kalten Geist erwärmen und verwandeln.

Der Pater Seraphicus, der engelgleiche Vater, ist so weit fortgeschritten in seiner Vervollkommnung, dass er schon in die Geisteswelt einzutreten vermag. Zugleich kann er aber ins Irdische zurückschauen. Er sieht in dem aufsteigenden Morgenwölkchen die »junge Geisterschar« (11893) und kann mit ihr als »ein Liebender« (11902) kommunizieren. Mehr noch: er kann ihnen sagen, wer sie sind, und er kann sie *durch* seine Augen auf die Erde blicken lassen, die sie als Frühverstorbene, als kindlich Reine, noch nicht wahrgenommen haben. Indem sie in ihn eingehen, sehen sie dann zwar die eingangs gepriesene großartige Natur, sie ist aber in ihrer Mächtigkeit für sie nur furchterregend.

Goethes Intention ist es, durch die Patres hindurch auf die Phasen von Fausts allmählichem Aufstieg im Sinne der Vergeistigung schauen zu können. Alle irdischen Reste werden dabei nach und nach abgestreift.

Reinigung von Fausts ›Entelechie‹

Der Zustand des Pater Seraphicus ist der Grad, in dem dann auch Fausts Unsterbliches als »das edle Glied der Geisterwelt«, von Engeln getragen, erscheinen kann.

Dieses »edle Glied« tritt etwas später, als es die seligen Knaben von den letzten Erdenresten befreit haben, »als Doctor Marianus transubstantiiert«[39] auf. Hier wird eine Verbindung zu *Faust I* »Prolog im Himmel« erkennbar. Dort wurde Faust von Mephisto überaus abschätzig als der »Doktor« (299), als der Verstandesmensch, apostrophiert, hier ist aus dem innerlich Zerrissenen, der einst vom Himmel die »schönsten Sterne« und »von der Erde jede höchste Lust« (304 f.) gefordert hat, ein Wissender um die Geheimnisse der Mater Gloriosa geworden, die mit ihren Worten zu Gretchen

> Komm! hebe dich zu höhern Sphären! 12094
> Wenn er dich ahnet, folgt er nach

Fausts Aufstieg und Erlösung endgültig beglaubigt.

Ab-lösung statt Er-lösung

Der Erlösungsgedanke, der so viel Unruhe hervorgerufen hat, nimmt dann eine ganz andere Färbung an, wenn man davon ausgeht, dass es nicht um die gnadenvolle Aufnahme und Erlösung des ›Sünders‹ geht, sondern zunächst nur um die Ablösung vom irdischen Erdenrest. Goethe folgt hier ganz offensichtlich Gedankengängen, wie sie in der Philosophie des Neuplatonismus entwickelt wurden, die er aus seinem Studium ihres bedeutendsten Vertreters Plotin[40] (205–270) kannte. Im Neuplatonismus, dessen Gedanken auch in das frühe Christentum eingingen, ist der Prozess der Reinigung ein Prozess der Verinnerlichung und steht im Mittelpunkt jeden spirituellen Strebens. Diese Reinigung löst alles Äußerliche, d. h. alles Irdische ab, ohne jedoch von Sünde und Schuld zu befreien. Nur durch eine solche Reinigung kann sich der Geist zum Göttlichen erheben. Sie gehört zu den Stufen der Initiation, der mystischen Einweihung, die auch in den alten Mysterienkulten zur Ausbildung vielerlei rituellen Handlungen geführt hat. Erst diese Tradition macht »es verständlich, daß Goethe den Aspekt der Reinigung am nachdrücklichsten zur Geltung bringt und der Aufnahme Fausts ins Jenseitige durchgehend initiatorische Züge verleiht. […] Nur so […] läßt es sich auch verstehen, daß der Doctor Marianus laut Regie-Anweisung […] die höchste, *reinlichste* Zelle zugewiesen erhält. […] Faust erscheint nicht unter dem Aspekt der Strafe, sondern nur als Gewinnender. […] Die Vorstellung der Reinigung geht hier in die der Erlösung über. Damit wird vollends klar, dass Goethe den Begriff der Erlösung in den bekannten Versen ›Wer immer strebend sich bemüht, / Den können wir erlösen‹ nicht christlich, sondern neuplatonisch faßt. Erlösung ist für ihn einfach Lösung, Reinigung vom Irdischen, und

Goethe und das neuplatonische Menschenbild

dies in einem Prozeß – bis zur vollkommen ›reinen‹ Vergeistigung.«[41]
Außer von der engen Vertrautheit Goethes mit Gedanken des Neuplatonismus geht die *Faust*-Forschung heute auch davon aus, dass sich Goethe in der Schlussszene die von der Kirche als ketzerisch verfolgte Apokatástasis-(Läuterungs-)Lehre des Kirchenvaters Origenes[42] zu eigen macht, die besagt, dass keine Seele in ewiger Verdammnis verloren gehen kann. »Diese wunderbare Toleranz gesteht nicht nur den Guten, sondern auch den Bösen die schließliche Rückkehr zu Gott zu. Selbst der Teufel, der nichts als den gottgenehmigten Auftrag ausübt, ist von der Barmherzigkeit nicht ausgeschlossen und nach Origenes von der universalen Wiederbringung, der Apokatástasis pantón nicht ausgenommen.«[43]
Dabei ist auch zu bedenken, dass die Apokatástasis-Lehre des Origenes zum Leidwesen der traditionellen Theologie eng mit dem Gedanken der Reinkarnation[44] verbunden war: Der Mensch kommt zu seiner Vervollkommnung, d. h. auch zur Wiedergutmachung seiner Schuld aus einem vorangegangenen Erdenleben erneut in einen Körper. Der Mensch wird nicht einfach von seiner Schuld befreit, sondern er erhält nach der Rückschau auf sein Leben die Möglichkeit, Schuld in einem neuen Leben auszugleichen. Wie vertraut Goethe mit dem Gedanken der Reinkarnation war, freilich aus anderen Quellen, zeigt sich in vielen Äußerungen zu verschiedenen Zeiten seines Lebens.[45]
Bleibt noch die Gestalt der Mater Gloriosa zu verstehen. Zuerst wird sie von Doctor Marianus mit den Worten:

Jungfrau, rein im schönsten Sinn, 12009
Mutter, Ehren würdig,
Uns erwählte Königin

als »Göttern ebenbürtig« angerufen, dann etwas später, als er sie »auf dem Angesicht anbetend« preist

Werde jeder bessre Sinn
Dir zum Dienst erbötig;
Jungfrau, Mutter, Königin,
Göttin, bleibe gnädig!

wird sie einer Göttin gleichgesetzt.
Während die Götterebenbürtigkeit traditionell gerade noch akzeptabel ist, obgleich der Plural einen heidnisch-polytheistischen Klang hat, widerspricht die Gleichsetzung mit »Göttin« katholisch-christlicher Auffassung absolut. Dass dieses Attribut von Goethe aber ganz bewusst gewählt wurde, zeigt die Stellung dieses Wortes im Vers. »Göttin« wird an den Versanfang gesetzt und erhält so in dieser Spitzenstellung ganz besonderen Nachdruck.
Auch wenn in der Bitte Gretchens »Neige, neige / Du Ohnegleiche ...« (12069 f.) die »Mater Dolorosa« aus der »Zwinger«-Szene des ersten Teils der Tragödie gespiegelt erscheint (»Ach neige / Du Schmerzenreiche ...«, 3587 f.) und sie dort eindeutig die Mutter des Gekreuzigten ist, geht es Goethe nicht, wie ihm vorgeworfen wurde, um eine Form des traditionellen ›Marienkults‹. Maria ist vor allem Beispiel »für den zu einem höchsten Vollendungsziel berufenen Menschen. Dieses Vollendungsziel besteht in der Vergöttlichung. Es findet auch in den Versen Ausdruck, die dazu auffordern, »zu seligem Geschick / Dankend umzuarten« (12098 f.). Nicht umsonst führen gerade diese Verse auf die vergöttlichende Anrufung der Mater Gloriosa hin. Das »›selige Geschick‹

Vergöttlichung des Menschen in der »Mater Gloriosa«

im Sinne von ›Bestimmung‹ ist die Vergöttlichung des Menschen. Er soll sie erreichen, indem er vom Menschlichen zum Göttlichen ›umartet‹. Dies ist seine höchste Bestimmung: sein ›Geschick‹.[46] Doctor Marianus ist in diese Geheimnisse eingeweiht.
Es ist eine Frau, der dieses »selige Geschick« widerfahren ist und die durch die Zeiten als Menschheitsvorbild wirkt.
Der Chorus mysticus, der die Szene beschließt, gibt nun eine Art Zusammenfassung der Geheimnisse dieses Himmels »von Dichters Gnaden«.

Alles Vergängliche 12104
Ist nur ein Gleichnis;
Das Unzulängliche,
Hier wird's Ereignis;
Das Unbeschreibliche,
Hier ist's getan;
Das Ewig-Weibliche
Zieht uns hinan.

Chorus mysticus als Epilog

In vier Verspaaren werden Fausts Streben und das Bemühen des Dichters, den Weg dieses Menschen in seinen Erfolgen und Verfehlungen bis in seine Existenz nach dem Tode zu verfolgen, wie in ›Merksprüchen‹ zusammengefasst, in dem zweimaligen »Hier« immer auf das eben wahrgenommene Geschehen bezogen – dem Leser oder Zuschauer sozusagen mit auf den Weg gegeben.
Wofür ist das »Vergängliche« ein »Gleichnis«?
Hier knüpft Goethe ebenfalls an neuplatonische Gedanken an. Es handelt sich dabei um die auch in die Philosophie und Theologie des Mittelalters übernommene

Das »Vergängliche« als Gleichnis für das nicht unmittelbar wahrnehmbare Göttliche

›Analogie alles Seins‹. Die Vollkommenheit des göttlichen Seins ist stufenweise bis hin zum Unbelebten in immer abgeschwächterer Form in allem Geschaffenen anwesend.[47] Diese Teilhabe und Analogie ist in der Formulierung enthalten, dass alles Vergängliche nur ein Gleichnis sei für das dem Menschen nicht unmittelbar wahrnehmbare Göttliche. Auf Grund der Seinsanalogie besteht die Möglichkeit, vom weniger vollkommenen menschlichen Sein durch Streben nach Vollkommenheit sich der Sphäre des vollkommenen göttlichen Seins anzunähern.

Der Mensch hat teil an der Vervollkommnung der Schöpfung

Dazu kommt in Bezug auf den Menschen noch ein anderer Aspekt, den Goethe mit der Seinsanalogie übernimmt. Die einzelnen Vollkommenheitsgrade im Stufenbau des Seins, wirken aufeinander. Die jeweils in ihrer Reinheit und Erleuchtung Fortgeschritteneren fördern durch Belehren die weniger Vollendeten, die eine lernend-empfangende Haltung einnehmen. Der Mensch hat also teil an der Vervollkommnung der Schöpfung, er hat Schöpfereigenschaften.

Als Fausts Entelechie von den seligen Knaben gelernt hat und gereinigt, nicht mehr »getrübt«, weiter aufgestiegen ist, sprechen die seligen Knaben dieses Gesetz aus:

Doch dieser hat gelernt, 12082
Er wird uns lehren.

Das sind die Grundbestimmungen für Fausts irdische und nachirdische Existenz.

Und das Ereignis des Unzulänglichen?
Von seiner ursprünglichen Bedeutung her bedeutete »Ereignis« eigentlich »Eräugnis«, d. h. das ›vor Augen Gestellte‹. Auf den Text übertragen: Das, was im Irdischen nur unzulänglich wahrnehmbar ist, nämlich in Form des Gleichnisses und damit verhüllt, wird »hier«, nach dem Aufstieg ins Geistige, direkt wahrnehmbar, zum Beispiel in Form der rein geistigen Existenzen der Engel. Die Fähigkeit, das Verhüllte auch im Irdischen deutlicher zu sehen, hängt mit der jeweiligen Stufe der Vervollkommnung zusammen, die einen spirituellen Entwicklungsweg voraussetzt.
Fausts Gang zu den »Müttern« war für ihn ein solcher Blick auf Verhülltes.
»Hier« kann aber auch heißen, es wird hier in der dichterischen Darstellung wahrnehmbar.[48]

Die Dichtung als Versuch, das »Unbeschreibliche« wahrnehmbar zu machen

Das »Unbeschreibliche« ist das kaum Darstellbare, nämlich die Überzeugung, dass der strebende Mensch trotz aller Schuld, nicht verloren gehen kann. Hier ist es vom Dichter »getan«, das heißt, er hat es entsprechend seinen Möglichkeiten darzustellen versucht. Goethe bekennt sich zu ›seinem Himmel‹.

> Das Ewig-Weibliche
> Zieht uns hinan.

Das »Ewig-Weibliche« als das ewig Schöpferische

Dass das »Ewig-Weibliche« nichts mit irgendetwas Geschlechtsspezifischem zu tun hat, garantiert das Pronomen »uns«, mit dem sich Goethe durch den Chorus mysticus an alle Menschen wendet. Es ist der

Mensch schlechthin gemeint. Mithin ist dieses »Ewig-Weibliche« für alle Menschen von Bedeutung. Es ist das ewig Schöpferische, das Faust bei seinem Gang zu den göttlichen Müttern erfahren hat und das auch der Mater Gloriosa als verehrter Göttin eigen ist. An diesem Schöpferischen teilzuhaben, ist der Möglichkeit nach in allen Menschen angelegt und wirkt für den, der diese Möglichkeit wahrzunehmen vermag, als Aufwärtsbewegung. Darüber hinaus gibt es für Goethe nichts zu sagen, und so lautet sein letztes Wort »Finis« – Finis in seiner ursprünglichen Bedeutung ›Grenze‹. Das Werk ist bis an die Grenze des Sagbaren gegangen.

7. *Faust II* und der alte Goethe

Faust II ist Goethes großes Alterswerk. In der Dichtung, in der bildenden Kunst und in der Musik besitzen die Alterswerke bedeutender Künstler einen besonderen Charakter. Das lässt sich an vielen Beispielen beobachten. Diese Werke zeigen vollendete künstlerische Meisterschaft, in der Form manchmal so kühn, dass die Zeitgenossen ratlos, verständnislos davorstehen und dann häufig auch nicht zögern, Werk und Autor deswegen heftig zu kritisieren. Und gleichzeitig sind diese Werke meist eine Art von Vermächtnis, so als ob ihre Schöpfer schon wie von ferne auf ihr Leben zurückblicken und die Summe ihrer tiefsten Erfahrungen der noch unempfänglichen Nachwelt zur allmählichen Entdeckung übergeben.

Faust II *als »Hauptgeschäft« des alten Goethe*

Goethe nannte in den letzten Jahren seines Lebens die Arbeit an *Faust II* sein »Hauptgeschäft«. Und am 22. Juli 1831 vermerkt er an erster Stelle im Tagebuch – fast meint man das Aufatmen zu hören – »Das Hauptgeschäft zu Stande gebracht«.[49]

In dem von Goethe häufig benutzten Wörterbuch von Johann Christoph Adelung findet sich unter »zu Stande bringen« u. a. die Eintragung: »zu dem gehörigen Grad der Vollkommenheit bringen«. Einer solchen Beurteilung seines Werks hätte er gewiss nicht zugestimmt, denn »Vollkommenheit« ist kein Maßstab, den er für dieses Werk hätte gelten lassen. Für bedingt vollkommen und der Verbesserung bedürftig sieht er das Ganze an, wenn er Wilhelm von Humboldt gegenüber davon spricht, dass er das Ganze deshalb eingesiegelt habe, »damit ich

Johann Wolfgang Goethe
Altersporträt von Joseph Stieler

nicht etwa hie und da weiter auszuführen in Versuchung käme«[50].

Dass er dieses Werk nach Abschluss eingesiegelt hat, mit der Anweisung, es erst nach seinem Tode zu öffnen, war aber nicht nur ein Schutz vor der Versuchung daran weiterzuarbeiten, sondern es weist auch auf den Vermächtnischarakter hin. Gewiss war es ihm nach all der mühevollen Arbeit lästig, bei einer Veröffentlichung auf die unausbleiblichen Fragen der Unverständigen einzugehen oder sich für dies und jenes gar zu rechtfertigen. Er kannte sein deutsches Publikum zu gut, um nicht voraussehen zu können, was da auf ihn zukommen würde. Die Rezeptionsgeschichte hat das dann ja auch in reichem Maße bestätigt.

Faust II *als Vermächtnis des alten Goethe*

Faust ist für Goethe der Repräsentant des modernen Menschen. Und er hat groß und kritisch zugleich von diesem Repräsentanten und seinen Möglichkeiten gedacht. Und indem er eine für viele bis heute gefährlich große Idee vom Menschen entwickelte, sah er voraus, dass sie wie alle großen Ideen »dem stockenden pedantischen Volke ein Ärgernis und einem Viel-, aber Leichtgebildeten eine Torheit«[51] sein würde. Doch stellte er solchen wahrscheinlichen Reaktionen seine Überzeugung entgegen, dass die »größte Achtung, die ein Autor für sein Publikum haben kann« die ist, »daß er niemals bringt, was man erwartet, sondern was er selbst auf der jedesmaligen Stufe eigner und fremder Bildung für recht und nützlich hält«.[52]

Nicht einmal den verständigen Freunden mochte er das fertige Werk zeigen. Er tröstet sich damit, »daß gerade die, an denen mir gelegen sein muß, alle jünger sind als ich und seiner Zeit das für sie Bereitete und Aufgesparte zu meinem Andenken genießen werden«.[53]

Aber nicht nur das Menschbild dieses Werkes kann als Vermächtnis angesehen werden, sondern auch der Prozess seiner Entstehung. Über seine ganz eigene Art und Weise, an diesem Hauptgeschäft zu arbeiten, den nachlassenden physischen Kräften das Äußerste abzugewinnen, sie durchlässig zu halten für bedeutende Gedanken, darüber hat er sich öfter geäußert – freilich nur im privaten Rahmen, gegenüber Freunden und Kennern. Liest man solche Äußerungen, so gerät man in die Nähe der Empfehlung, die er dem Freunde Zelter gegeben hat: »Natur- und Kunstwerke lernt man nicht kennen wenn sie fertig sind; man muß sie im Entstehen aufhaschen, um sie einigermaßen zu begreifen.«[54]

Faust II *als alte Konzeption*

In diesen Äußerungen zum Entstehungsprozess ist immer wieder davon die Rede, dass es sich um eine alte Konzeption handle, die aber erst nach und nach im Laufe seines Lebens hätte ausgeführt werden können. Um das zu verdeutlichen, greift Goethe zu drastisch-bildhafter Formulierung. So wenn er davon spricht, das es keine Kleinigkeit sei, »das, was man im zwanzigsten Jahre konzipiert hat, im 82. außer sich darzustellen und ein solches inneres lebendiges Knochengeripp mit Sehnen, Fleisch und Oberhaut zu bekleiden, auch wohl dem fertig Hingestellten noch einige Mantelfalten umzuschlagen, damit alles zusammen ein offenbares Rätsel bleibe, die Menschen fort und fort ergetze und ihnen zu schaffen mache«.[55]

Dann betont er nachdrücklich, dass er sich in seinen letzten Lebensjahren bei der Arbeit an *Faust II* in einen ganz besonderen Zustand habe versetzen müssen oder sich versetzt gefühlt habe. Das bringt er auch mit seinem besonderen Verhältnis zu Schlaf und Wachen in Verbindung, so als ob er eine Übung seiner Jugend weiter kultiviert habe, freilich mit der Einschränkung, dass diese Quellen im neunten Lebensjahrzehnt spärlicher fließen.

Auf seiner italienischen Reise hatte er einst dem Freund Herder mitgeteilt, er schreibe morgens, unmittelbar nach dem Erwachen und noch vor dem Aufstehen, an der Versfassung seiner *Iphigenie* und erobere so täglich eine Stelle mehr. Und in seiner Autobiographie *Dichtung und Wahrheit* berichtet er, dass er in der Jugend beim nächtlichen Erwachen zum Schreibpult gelaufen sei und die Verse eines Gedichts, die ihm aus dem Schlafe gekommen seien, auf mehreren Seiten ohne abzusetzen niedergeschrieben habe.

Im Alter gesteht er dann, er könne an *Faust II* nur am frühen Morgen arbeiten, wenn ihn die »Fratzen« des Tages noch nicht verwirrt hätten und er sich noch vom Schlaf erquickt fühle. Dann gelänge ihm vielleicht eine Seite, manchmal auch nur eine Handbreit an Text, und an unproduktiven Tagen sei es noch weniger.

Die Arbeit an Faust II *als meditatives »Hauptgeschäft«*

1831 schreibt er kurz vor der Vollendung, dass er sich für diese Arbeit »ganz ins innere Klostergarten-Leben beschränkt« habe, »um, damit ich es nur mit wenig Worten ausspreche, den zweiten Teil meines Faust zu vollenden«.[56]

Aus der Formulierung »nur mit wenig Worten« darf man schließen, wie viel er noch über die Anstrengung dieser »Vollendung« hätte sagen können. Das Bild vom Klostergarten weist darauf hin, dass er sich fast mönchisch-meditativ zurückgezogen hat, um so die Kreativkräfte für das »Hauptgeschäft« zu erlangen.

Gegenüber Wilhelm von Humboldt spricht er ein halbes Jahr nach Abschluss der Arbeit davon, dass er sich durch »eine geheime psychologische Wendung« bei völlig klarem

Bewusstsein zu einer Art der dichterischen Produktion erhoben fühlte, die man vielleicht sonst als eine »Art von Wahnsinn«[57] bezeichnen würde, also eine Art gesteigertes, erweitertes Bewusstsein. Dabei darf man aber nicht vergessen, dass all seiner Arbeit stets eine gründliche sachliche Vorbereitung vorausging, die diese ungeheure Fülle von Wissen und Bedeutung erst erarbeitet und verarbeitet hat, und das täglich. Dabei versäumt er nicht zu bemerken, er habe auch in »widerwärtigen Zeiten« in der Arbeit nicht hinter sich bleiben wollen, sondern es als seine Aufgabe angesehen, über sich selbst hinauszugehen, sich in einen produktiven Zustand zu erheben und sich in ihm zu erhalten.

Der Abschluss des »Hauptgeschäfts« als Erfüllung des Lebens

Glücklich und dankbar über das Erreichte zieht er 1831 die Summe: »Mein ferneres Leben kann ich nunmehr als ein reines Geschenk ansehen, und es ist jetzt im Grunde ganz einerlei, ob und was ich noch etwa tue.«[58]

8. Checkliste

Erstinformation

1. Warum hat Goethe den zweiten Teil des *Faust*, abgesehen von einzelnen Szenen, nicht veröffentlicht?
2. Warum hat Goethes Haltung zu Fausts Schuld nicht nur auf Goethes Zeitgenossen, sondern bis in die Interpretationen des 20. Jahrhunderts so provozierend gewirkt?

Inhalt – Personen – Aufbau

3. Welche Haltung Goethes zur Frage der Schuld Fausts lässt die Szene »Anmutige Gegend« für die künftige Handlung vermuten?
4. Welchen Blick auf menschliches Verhalten zeigen die Szenen am Kaiserhof, besonders die Mummenschanz?
5. Welche Bedeutung hat Fausts Gang zu den Müttern? Wie steht Mephisto dazu?
6. Welche Phasen durchläuft die Entelechie Fausts in den fünf Akten?
   Welche Phasen durchläuft Fausts Unsterbliches in der letzten Szene des V. Aktes?
7. Wie kann man das Verhältnis zwischen Faust und Mephisto beschreiben? Besteht ein Unterschied zu *Faust I*?
8. Welche Eigenschaften zeigt Homunculus? Wie ist sein Verhältnis zu Wagner, Mephisto und Faust?
9. Welche Beziehung kann man zwischen der Metamorphose des Homunculus und dem Auftritt Helenas im III. Akt vermuten?

10. Welche Bedeutung für den III. Akt hat Mephistos Verwandlung in Phorkyas?
11. Worin besteht der Neuanfang Fausts im IV. und V. Akt? Welche Zeitkritik übt Goethe hier? Kann man der Ansicht zustimmen, seine Kritik würde auch Entwicklungen unserer Zeit betreffen?
12. Welche Bedeutung hat die Szene »Offene Gegend« mit Philemon und Baucis?

Interpretation

13. Wie sieht Goethe das Verhältnis von Inhalt und Form? Wie prägt die sprachliche und metrische Formenvielfalt *Faust II*?
14. Welche Bedeutung hat für Goethe die Helena-Handlung?
15. Wie kann man den Zusammenhang zwischen Helenas Verschwinden und Fausts Erinnerung an Gretchen verstehen?
16. Welche Probleme ergeben sich in der letzten Szene für die Interpretation?
17. Ist der Vorwurf berechtigt, Goethe habe sich in einen »katholischen« Schluss geflüchtet?
18. Origenes und der Neuplatonismus – welche Rolle spielen sie für das Verständnis der letzten Szene?
19. Wie ist die Äußerung zu beurteilen, der Schluss von *Faust II* biete ein »Happy End«?

Faust II und der alte Goethe

20. Welche Arbeitsweise hat Goethe beim Verfassen seines Alterswerkes *Faust II*?
21. Wie beurteilt Goethe sein letztes Werk insgesamt?
22. Wie sieht Goethe die künftige Rezeption seines Alterswerkes?

9. Lektüretipps/Filmempfehlungen

1. Textausgaben und Kommentare

Frankfurter Ausgabe [FA]: Johann Wolfgang Goethe: Sämtliche Werke. Briefe, Tagebücher und Gespräche. I. Abteilung: Sämtliche Werke. Bd. 7.1: Faust, Texte. Hrsg. von Albrecht Schöne. 4., überarb. Aufl. Frankfurt a. M. 1999. Bd. 7.2: Faust, Kommentare. Hrsg. von Albrecht Schöne. 4., überarb. Aufl. Frankfurt a. M.: Deutscher Klassiker Verlag, 1999.

Hamburger Ausgabe [HA]: Goethes Werke in 14 Bänden. Hrsg. von Erich Trunz. Bd. 3: Faust I, Faust II, Urfaust. 16., neubearb. Aufl. München: C. H. Beck 1996.

Münchener Ausgabe [MA]: Johann Wolfgang Goethe: Sämtliche Werke nach Epochen seines Schaffens. Bd. 18: Letzte Jahre 1827–1832. Hrsg. von Gisela Heckmann und Dorothea Hölscher-Lohmeyer. Tl. 1 [enthält: Faust. Der Tragödie zweiter Teil]. München: Hanser, 1997.

Weimarer Ausgabe [WA]: Goethes Werke. Hrsg. im Auftrag der Großherzogin Sophie von Sachsen. III. Abteilung: Goethes Tagebücher. Bd. 1–15. Weimar: Böhlau, 1887–1919. IV. Abteilung: Goethes Briefe. Bd. 1–50. Weimar: Böhlau, 1887–1912.

Johann Wolfgang Goethe: Faust-Dichtungen. Hrsg. und kommentiert von Ulrich Gaier. Bd. 1: Texte. Bd. 2: Kommentar I. Bd. 3: Kommentar II. Stuttgart: Reclam, 1999.

Johann Wolfgang Goethe: Faust. Der Tragödie zweiter Teil. Stuttgart: Reclam, 2001. (Universal-Bibliothek. 2.) *Reformierte Rechtschreibung. Nach dieser Ausgabe wird zitiert.*

2. Sekundärliteratur

Zur Biographie Goethes

Boerner, Peter: Johann Wolfgang von Goethe. Reinbek bei Hamburg [34]2000. (rororo Monographien. 50577.)
Friedenthal, Richard: Goethe. Sein Leben und seine Zeit. München [14]1985. (Serie Piper. 248.)
Lange, Victor: Goethe. Stuttgart 1989. (RUB. 8793.)

Erläuterungen, Interpretationen und Materialien

Gaier, Ulrich: Erläuterungen und Dokumente: Johann Wolfgang Goethe: Faust. Der Tragödie Zweiter Teil. Stuttgart 2004. (RUB. 16022.)
Koblik, Helmut: Johann Wolfgang Goethe *Faust II*. Grundlagen und Gedanken zum Verständnis des Dramas. Frankfurt a. M. [8]1990.
Rothmann, Kurt: Literaturwissen für Schülerinnen und Schüler: Johann Wolfgang Goethe. Stuttgart 1994. (RUB. 15201.) Darin: *Faust,* S. 112–122.
Schmidt, Jochen: Goethes Faust. Erster und Zweiter Teil. Grundlagen, Werk, Wirkung. München 1999.
Aufsätze zu Goethes *Faust II*. Hrsg. von Werner Keller. Darmstadt 1992. (Wege der Forschung. CDXLV.)
Goethes Gespräche. Gesamtausgabe. 2., durchges. und stark verm. Aufl. Neu hrsg. von Flodoard Freiherr von Biedermann unter Mitw. von Max Morris, Hans Gerhard Gräf und Leonhard L. Mackall. Bd. 1–5. Leipzig 1909–11.

Vollständiges Literaturverzeichnis

Henning, Hans: Faust-Bibliographie. I–III. Berlin/Weimar 1966–76.

Ein bibliographischer Teil findet sich seit 1971 in den Goethe-Jahrbüchern. Dort ist die Literatur zu *Faust* jeweils gesondert aufgeführt.

3. Filmempfehlung

Die einzige »Verfilmung« von *Faust II* ist die TV-Aufzeichnung der Faust-Inszenierung beider Teile von Peter Stein anlässlich der EXPO 2000 in Hannover.

Anmerkungen

1 Goethe, WA IV, Bd. 42, S. 118.
2 *Goethes Gespräche. Gesamtausgabe*, 2., durchges. und stark verm. Aufl., neu hrsg. von Flodoard Freiherr von Biedermann unter Mitw. von Max Morris, Hans Gerhard Gräf und Leonhard L. Mackall, Bd. 1–5, Leipzig 1909–11. Hier: Bd. 4, S. 329.
3 Friedrich Theodor Vischer, »Zum zweiten Theile von Goethe's *Faust*«, in: *Aufsätze zu Goethes »Faust II«*, hrsg. von Werner Keller, Darmstadt 1992, S. 11–25. Hier: S. 11 f. – Vischer hat als Steigerung seiner Kritik einen *»Faust, der Tragödie dritter Teil. Treu im Geiste des zweiten Teils des Goetheschen Faust«* geschrieben. Als Dichter gab er spottend einen »Deutobold Symbolizetti Allegoriowitsch Mystifizinsky« an.
4 Arthur Henkel, »Das Ärgernis *Faust*«, in: *Aufsätze zu Goethes »Faust II«* (Anm. 3), S. 290–315. Hier: S. 290.
5 *Goethes Gespräche* (Anm. 2), Bd. 3, S. 487.
6 Ebenda, Bd. 4, S. 329.
7 Theodor W. Adorno, »Zur Schlußszene des *Faust*«, in: *Aufsätze zu Goethes »Faust II«* (Anm. 3), S. 375–383. Hier: S. 383.
8 Werner Keller, »Größe und Elend, Schuld und Gnade: Fausts Ende in wiederholter Spiegelung«, in: *Aufsätze zu Goethes »Faust II«* (Anm. 3), S. 316–344. Hier: S. 326.
9 Im Gespräch mit Eckermann am 16. Dezember 1829, in: *Goethes Gespräche* (Anm. 2), Bd. 4, S. 180.
10 *Goethes Gespräche* (Anm. 2), Bd. 4, S. 184.
11 Georg Lukács, »Fauststudien«, in: G. L., *Faust und Faustus. Vom Drama der Menschengattung zur Tragödie der modernen Kunst. Ausgewählte Schriften II*, Reinbek bei Hamburg 1967, S. 128–210. Hier: S. 193.
12 Brief an Carl Jacob Ludwig Iken vom 27. September 1827. Goethe WA IV, Bd. 43, S. 83.
13 Keller (Anm. 8), S. 320 f.
14 Brief an Sulpiz Boisserée vom 22. Oktober 1826. Goethe WA IV, Bd. 41, S. 210.
15 *Goethes Gespräche* (Anm. 2), Bd. 4, S. 329.
16 Ebenda, S. 187.
17 Vgl. dazu: Ulrich Gaier, *Erläuterungen und Dokumente: Jo-*

hann Wolfgang Goethe, »Faust. Der Tragödie Zweiter Teil«, Stuttgart 2004 (RUB 16022), S. 318–326. Vgl. vor allem auch Gaiers großen *Faust*-Kommentar: *Johann Wolfgang Goethe, »Faust-Dichtungen«*, Stuttgart 1999, Bd. 2: *Kommentar I*. Bd. 3: *Kommentar II*.

18 Adorno (Anm. 7), S. 376.

19 Kurt May, *Faust II. Teil. In der Sprachform gedeutet*, München 1962.

20 Goethe HA 3, S. 427.

21 Im Gespräch mit Kanzler von Müller am 29. September 1823, in: *Goethes Gespräche* (Anm. 2), Bd. 3, S. 19. Ein Beispiel für solch »großen, reichen Stoff« bietet *Die göttliche Kommödie*, die Terzinendichtung Dantes.

22 Goethe HA 3, S. 427.

23 Adorno (Anm. 7), S. 379 f.

24 Brief an Sulpiz Boisserée vom 22. Oktober 1826. Goethe WA IV, Bd. 41, S. 208 f.

25 An Goethe, 23. September 1800. *Der Briefwechsel zwischen Schiller und Goethe*, hrsg. von Hans Gerhard Gräf und Albert Leitzmann, Frankfurt a. M. 1964, S. 701.

26 Brief an Sulpiz Boisserée vom 19. Januar 1827. Goethe, WA IV, Bd. 42, S. 19.

27 Max Kommerell, »Vielheit der Formen im Helena-Akt«, in: *Aufsätze zu Goethes »Faust II«* (Anm. 3), S. 190–194. Hier: S. 191.

28 Johann Wolfgang Goethe, *Italienische Reise*, HA 11, S. 149 f.

29 Oskar Seidlin, »Helena: Vom Mythos zur Person«, in: *Aufsätze zu Goethes Faust II* (Anm. 3), S. 195–226. Hier: S. 212 f.

30 Goethes Auffassung von Allegorie: »Die Allegorie verwandelt die Erscheinung in einen Begriff, den Begriff in ein Bild, doch so, daß der Begriff im Bilde immer noch begrenzt und vollständig zu halten und zu haben und an demselben auszusprechen sei.« Goethe HA 12, S. 471.

31 *Nänie.* Friedrich Schiller, *Sämtliche Werke*, Bd. 1, München ^{6}1980, S. 242.

32 »›Niebuhr hat Recht gehabt‹, sagte Goethe, ›wenn er eine barbarische Zeit kommen sah. Sie ist schon da, wir sind schon mitten darinne; denn worin besteht die Barbarei anders als darin, daß man das Vortreffliche nicht anerkennt?‹« Im Gespräch mit

Eckermann am 22. März 1831. *Goethes Gespräche* (Anm. 2), Bd. 4, S. 353.

33 Carl Gustav Carus, *Gedanken über große Kunst*, Wiebaden 1950, S. 29.

34 Erich Heller, »Goethe und die Vermeidung der Tragödie«, in: E. H., *Enterbter Geist*, Frankfurt a. M. 1981, S. 61–98. Hier: S. 93.

35 Reinhold Schneider, »Fausts Rettung«, in: R. Sch., *Schriften zur Zeit,* Karlsruhe 1948, S. 45–83. Hier: S. 74–78.

36 Lukács (Anm. 10), S. 192 f.

37 Keller (Anm. 8), S. 343.

38 Goethe bezieht sich bei der Gestaltung der Szene »Bergschluchten« auf ein Fresko von Francesco Traini auf dem Campo Santo in Pisa, das eine Eremitenkolonie in der ägyptischen Wüste (Thebais) zeigt.

39 Karl Rosenkranz, »Der zweite Theil des *Faust*«, in: *Aufsätze zu Goethes »Faust II«* (Anm. 3), S. 1–10. Hier: S. 10. Dieser Hinweis, den Rosenkranz nicht weiter begründet hat, wurde von Werner Kohlschmidt aufgegriffen und genauer an Hand des Textes geprüft: »Faustens ›Entelechie‹ – doch der Doctor Marianus?«, in: *Orbis Litterarum* 29 (1974) H. 3, S. 221–230. – Auch Robert Schumann geht in seiner großartigen Vertonung der Szene »Bergschluchten« von der Identität Faust – Doctor Marianus aus.

40 Belegt ist dieses Studium, sogar im griechischen Originaltext, für den August und September 1805.

41 Jochen Schmidt, »Die ›katholische Mythologie‹ und ihre mystische Entmythologisierung in der Schluß-Szene des *Faust II*«, in: *Aufsätze zu Goethes »Faust II«* (Anm. 3), S. 384–417. Hier: S. 396–398. Die folgenden Ausführungen über Goethes Beziehung zum Neuplatonismus lehnen sich weitgehend an Schmidts überzeugende Darstellung an.

42 Origenes von Alexandria (185–254), trotz seiner Verurteilung als Ketzer durch die Kirche einer der bedeutendsten und einflussreichsten Theologen der frühen Christenheit. Er suchte »die Welt als ein Erzeugnis des Geistes zu verstehen, auch die Körperwelt mit allen ihren Erscheinungen als wesentlich geistigen Ursprungs und Inhalts« und in der »Vergeistigung des Universums [...] das Schlußergebnis der alten Philosophie« zu sehen. »An dieser Aufgabe haben gleichmäßig das Christentum und der Neuplatonismus, Origenes und Plotin gearbeitet.« Wilhelm

Windelband, *Lehrbuch der Geschichte der Philosophie*, Tübingen [6]1912, S. 195.
43 Keller (Anm. 8), S. 341. Keller gibt auch die Nachweise für Goethes Vertrautheit mit diesen Gedanken.
44 In den wenigen überlieferten Schriften des Origenes finden sich nur noch Spuren dieser ›ketzerischen‹ Gedanken. Dass er sie gedacht hat, bezeugen immerhin Äußerungen seiner Gegner, so zum Beispiel die des Patriarchen Theophiles von Alexandria, der im Jahre 399 auch eine erneute Verdammung des Origenes betrieb und in einem Brief fragte: »Was soll es bedeuten, wenn er [Origenes] erklärt, die Seelen würden wiederholt an Körper gefesselt und wieder von ihnen getrennt?«
45 Vgl. das Gedicht an Charlotte von Stein, 14. April 1776: *Warum gabst du uns die tiefen Blicke …* und das Gedicht *Gesang der Geister über den Wassern* (1779); dazu die Briefe an sie vom 2. März 1779 und 2. Juli 1781 sowie die an Carl Friedrich Zelter vom 19. März 1827 und 29. April 1830; ebenso die Gespräche: mit Sulpiz Boisserée vom 11. August 1815, dann sehr ausführlich mit Johann Daniel Falk am 25. Januar 1813, dem Begräbnistag Wielands, und mit Falk in einem nicht datierbaren Gespräch (*Goethes Gespräche*, Bd. 4, S. 339 ff.). Dazu die Gespräche mit Johann Peter Eckermann am 4. Februar 1829 und 11. März 1832.
46 Schmidt (Anm. 39), S. 401 f.
47 Vgl. dazu Schmidt, ebenda, S. 404 f.
48 Vgl. zu den Lesarten des »Hier« auch Gaier (Anm. 16), S. 290.
49 Goethe WA III, Bd. 13, S. 112.
50 Goethe WA IV, Bd. 49, S. 167.
51 *Maximen und Reflexionen*, HA, Bd. 12, S. 381.
52 *Maximen und Reflexionen*, ebenda, S. 503 f.
53 Brief an Sulpiz Boisserée vom 24. November 1831. Goethe WA IV, Bd. 49, S. 153.
54 Brief an Carl Friedrich Zelter vom 4. August 1803. Goethe WA IV, Bd. 16, S. 265.
55 Brief an Carl Friedrich Zelter vom 1. Juni 1813. Goethe WA IV, Bd. 48, S. 206.
56 Ebenda.
57 Brief an Wilhelm von Humboldt vom 1. Dezember 1831. Goethe WA IV, Bd. 49, S. IV, S. 385.
58 *Goethes Gespräche* (Anm. 2), Bd. 4, S. 385.